Jörg Krampe / Rolf Mittelmann

Lesestart 1

Spielend vom Buchstaben zum Wortverständnis

40 Kopiervorlagen zur Anbahnung der Lesefähigkeit mit Selbstkontrolle

Gedruckt auf umweltbewusst gefertigtem, chlorfrei gebleichtem
und alterungsbeständigem Papier.

2. Auflage 2008
Nach den seit 2006 amtlich gültigen Regelungen der Rechtschreibung
© by Brigg Pädagogik Verlag GmbH, Augsburg
Alle Rechte vorbehalten.
Das Werk und seine Teile sind urheberrechtlich geschützt. Jede Nutzung in anderen als den gesetzlich zugelassenen Fällen bedarf der vorherigen schriftlichen Einwilligung des Verlages. Hinweis zu § 52 a UrhG: Weder das Werk noch seine Teile dürfen ohne eine solche Einwilligung eingescannt und in ein Netzwerk eingestellt werden. Dies gilt auch für Intranets von Schulen und sonstigen Bildungseinrichtungen.

ISBN 978-3-87101-256-3   www.brigg-paedagogik.de

Inhaltsverzeichnis

Lesestart 1

Nr.	Kategorie	Buchstaben/Themenbereiche	Spielform	Seite
1	**Buchstaben**	A, E, I, O, U,	Puzzle	5
2	- Anlaute	B, C, D, F, G, H, J, K,	Bild aus Punkten	7
3		L, M, N, P, R, S, T, W	Ausmalen	9
4			Domino	11
5			Würfelspiel	13
6			Puzzle	15
7			Bild aus Punkten	17
8			Domino	19
9	- Anlaute	AU, PF, EU, SCH, EI	Würfelspiel	21
10		ST, SP, V, Ä, Ö, Ü, X, Y, Z, CH,	Bild aus Punkten	23
11	- Inlaute	QU, ß	Puzzle	25
12			Domino	27
13	**Einzelwörter**	Garten	Puzzle	29
14	- Nomen	Ferien	Ausmalen	31
15	(meist ohne Artilkel)	Verkehr	Domino	33
16		Schule	Bild aus Punkten	35
17		Kindergarten	Geheimschrift	37
18		Obst	Puzzle	39
19		Geschenke	Ausmalen	41
20		Kleidung	Domino	43
21		Feste	Bild aus Punkten	45
22		Küchengeräte	Puzzle	47
23		Zeit	Ausmalen	49
24		Tiere	Puzzle	51
25	- Verben	Sprechen und Essen	Ausmalen	53
26	(Grundform und flektierte	Sport und Spiele	Domino	55
27	Form)	Wortfeld „gehen"	Ausmalen	57
28		Feiern	Puzzle	59
29	- Adjektive	Farben	Würfelspiel	61
30		Werkstatt	Ausmalen	63
31		Essen und Trinken	Ausmalen	65
32	- Numerale	Basteln	Domino	67
33	**Mehrere Wörter**	Technik	Puzzle	69
34	- Adjektive und Nomen	Pflanzen	Ausmalen	71
35		Schwimmbad	Bild aus Punkten	73
36		Zirkus	Ausmalen	75
37	- Nomen und Verben	Kinderbücher	Bild aus Punkten	77
38		Körperpflege	Würfelspiel	79
39	- Präpositionen und Nomen	Kinderzimmer	Geheimschrift	81
40	- Numerale und Nomen	Kleinigkeiten	Domino	83

Vorwort

Trotz ständig steigender Bilderflut auf allen Kommunikationsebenen bleibt das *Lesen* die Schlüsseltechnik zur Bewältigung der Lernansprüche der Schule, des Berufslebens und zahlloser Alltagssituationen.

Bewusst begegnen Kinder schon im Vorschulalter dem geschriebenen Wort und versuchen, es mit ihnen bereits vertrauten Sprech-Wörtern und Begriffen in Beziehung zu setzen. Eine systematische Anleitung findet in der Anfangsklasse der Schule und – gestützt auf internationale Erfahrungen – immer häufiger auch schon im Kindergarten statt.

Obwohl viele Kinder die notwendigen Grundlagen des Lesens von sich aus mitbringen, die dann im Anfangsunterricht geordnet werden und schnell zu guten Erfolgen führen, bedarf es doch vorsichtiger Heranführung, ausreichender Anleitung und *beständiger Übung,* die vor allem für entwicklungsbenachteiligte Kinder und solche aus anderssprachigem Milieu oft zu gering ausfällt. Es entstehen Lücken im Lesefluss und vor allem beim Textverstehen, die später nur mit Mühe oder nicht mehr auszugleichen sind.

Für diese Anfangsphase bietet **Lesestart 1** eine planvolle, systematische und motivierende Hilfe: 40 Lesespiele führen vom Buchstabenkennen bis zum Erlesen und Verstehen sinnvoller Wortkombinationen. Die Spiele sind sehr einfach angelegt und werden meistens durch Bilder veranschaulicht. Sie sind in **3 Kategorien** eingeteilt: Zunächst werden nur *Anlaute* – dann auch *Inlaute* – bestimmt, und zwar sortiert nach leichteren und schwierigeren Lauten, dann folgen einzelne *Wörter* in Sachgebiete eingebunden. Die letzte Kategorie enthält bereits mehrere Wörter als Vorstufe zu einfachen Sätzen, die im Folgeband (Lesestart 2) auf gleiche Weise geübt werden.

Die Zusammenstellung in allen Kategorien bemüht sich, eine möglichst einfache Auswahl zu treffen, um so auch *langsamer lernenden Kindern* den Einstieg zu erleichtern und so den üblichen Leselehrgang entscheidend zu unterstützen. Dadurch entstehen zu jeder Kategorie mehrere gleichwertige Spiele, aber in jeweils unterschiedlicher Spielform. So bieten sich diverse Differenzierungsmöglichkeiten – je nach der individuellen Lesefähigkeit – und eine verstärkte Übungsintensität.

Bekannte und bewährte Spielformen (wie *Ausmalen, Bilder aus Punkten, Dominos, Geheimschriften, Puzzles und Würfelspiele*) erleichtern den Arbeitsablauf und steigern die Motivation der Kinder.

Die Spiele sind so angelegt, dass von Anfang an in den allermeisten Spielen eine **Selbstkontrolle** möglich ist. Dadurch eignen sie sich unabhängig von jedem Leselehrgang nicht nur für den „normalen" Unterricht, etwa für *innere Differenzierung* in *Übungsphasen,* sondern besonders auch für den *Förderunterricht,* die *Wochenplanarbeit* und zum *selbstständigen Lesetraining* außerhalb der Schule. Auch in Vertretungsstunden lassen sich die Spiele sehr gut einsetzen.

Wuppertal, Remscheid
Jörg Krampe, Rolf Mittelmann

1 | ABC   Buchstaben (Anlaute)

Puzzleteile

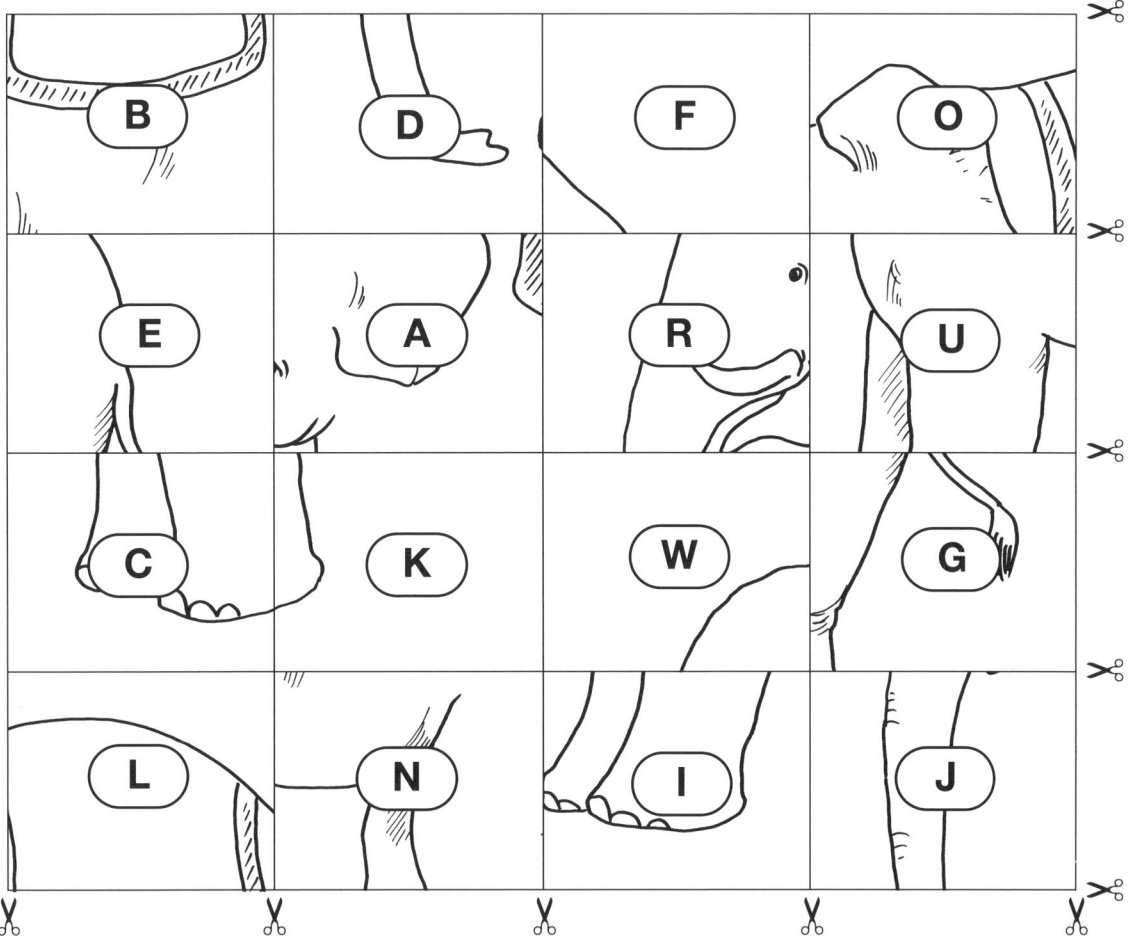

Spielplan

Krampe/Mittelmann: Lesestart 1
© Brigg Pädagogik Verlag GmbH, Augsburg

1 ABC – Lösungen

Buchstaben (Anlaute)

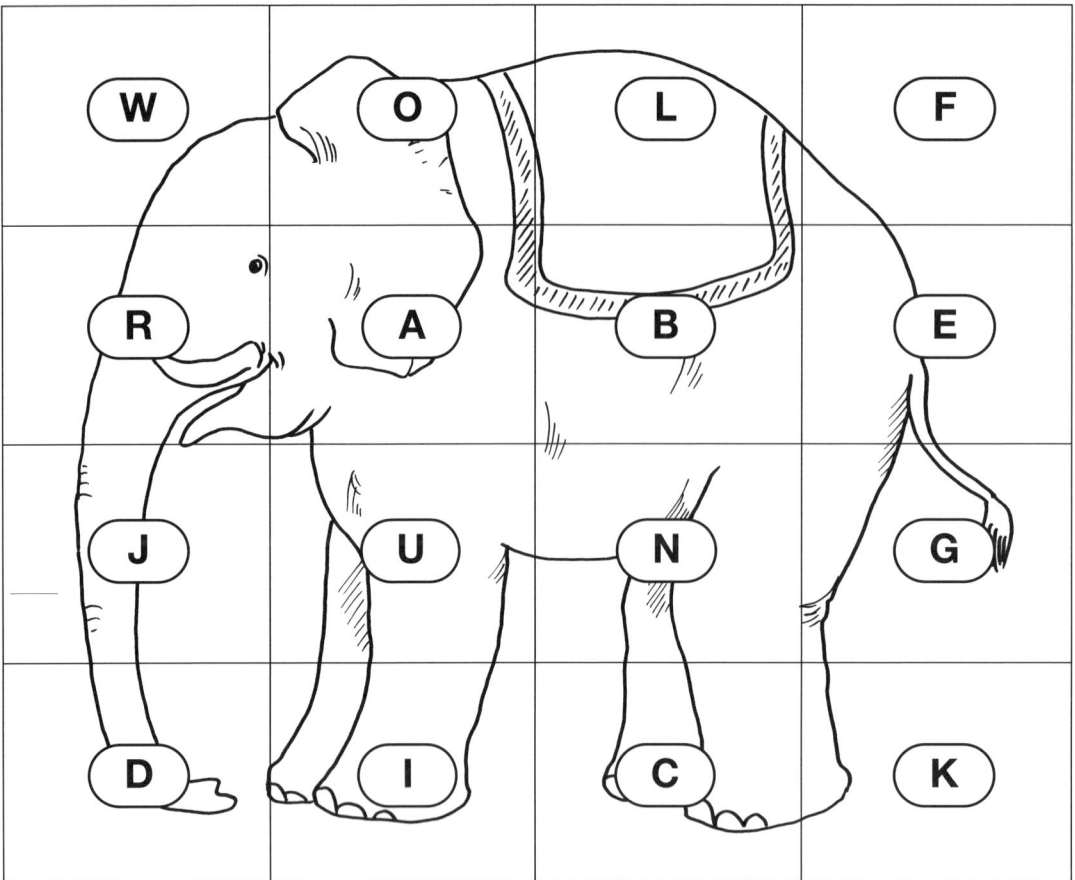

So geht's:
- Puzzleteile ausschneiden.
- Jedem Bild im Spielplan den richtigen Anfangsbuchstaben zuordnen.
- Das passende Puzzleteil im Spielplan auflegen.
- **Selbstkontrolle:** Bild und in jeder Reihe ein Wort.
- **Tipp:** Zum Schluss Puzzleteile aufkleben und ausmalen.

2 ABC — Buchstaben (Anlaute)

Bild	Buchstabe	Bild	Buchstabe
(Rad)	**R** A	(Ohr)	O R
(Wolke)	L **W**	(Lampe)	P L
(Frosch)	R F	(Affe)	A F
(Bär)	B Ä	(Tasse)	T S
(Ente)	E N	(U-Boot)	U B
(Glas)	G L	(Messer)	M S
(Hose)	O H	(Roller)	L R

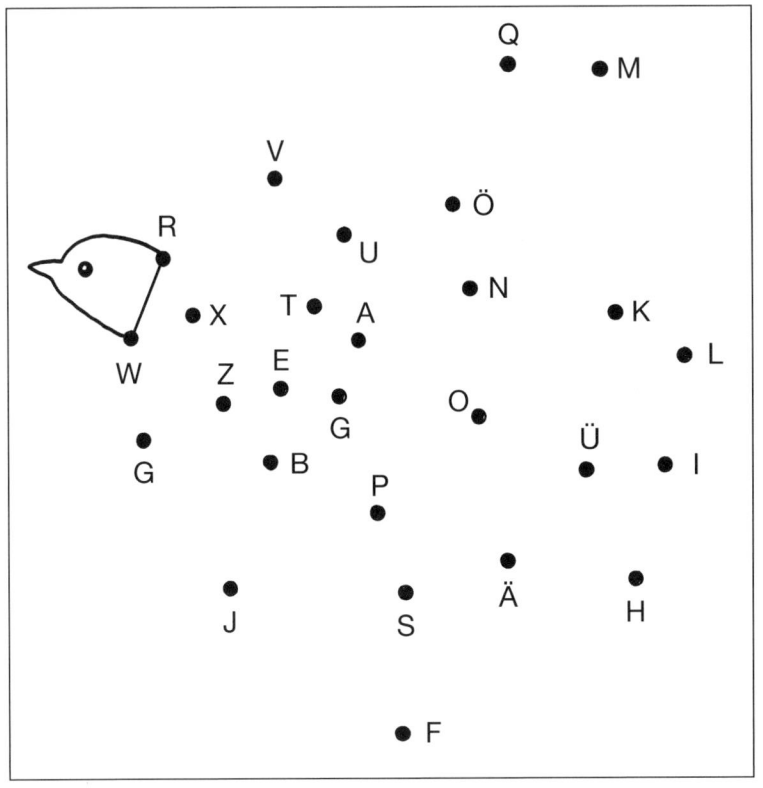

BILD AUS PUNKTEN

2 ABC – Lösungen

Buchstaben (Anlaute)

(Rad)	**R** A	(Ohr)	**O** R
(Wolke)	L W	(Lampe)	P **L**
(Frosch)	R **F**	(Affe)	**A** F
(Bär)	**B** Ä	(Tasse)	**T** S
(Ente)	**E** N	(U-Boot)	**U** B
(Glas)	**G** L	(Messer)	**M** S
(Hose)	O **H**	(Roller)	L **R**

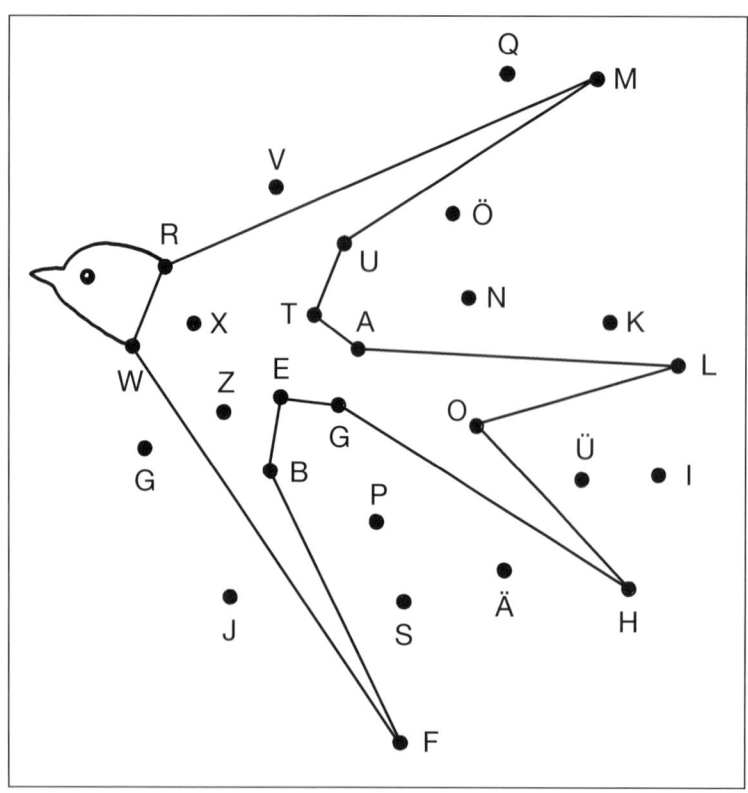

So geht's:
- Zu jedem Bild in der Tabelle den richtigen Anfangsbuchstaben finden.
- Den Buchstaben unterstreichen.
- Die Punkte bei den unterstrichenen Buchstaben im Bild unten der Reihe nach miteinander verbinden (Lineal).
- Einige Bildpunkte bleiben übrig.
- **Selbstkontrolle:** Bild.
- **Tipp:** Zum Schluss das Bild ausmalen.

3 ABC — Buchstaben (Anlaute)

🖥️	**C** / U	👖	H / S	🦁	L / Ö
🏠	CH / D	🐆	J / I	🐸	SCH / F
🚲	A / F	👃	N / S	📕	B / CH
🔪	E / M	🐭	S / M	🌭	W / U
🦢	G / S	🌳	B / AU	🦒	G / I

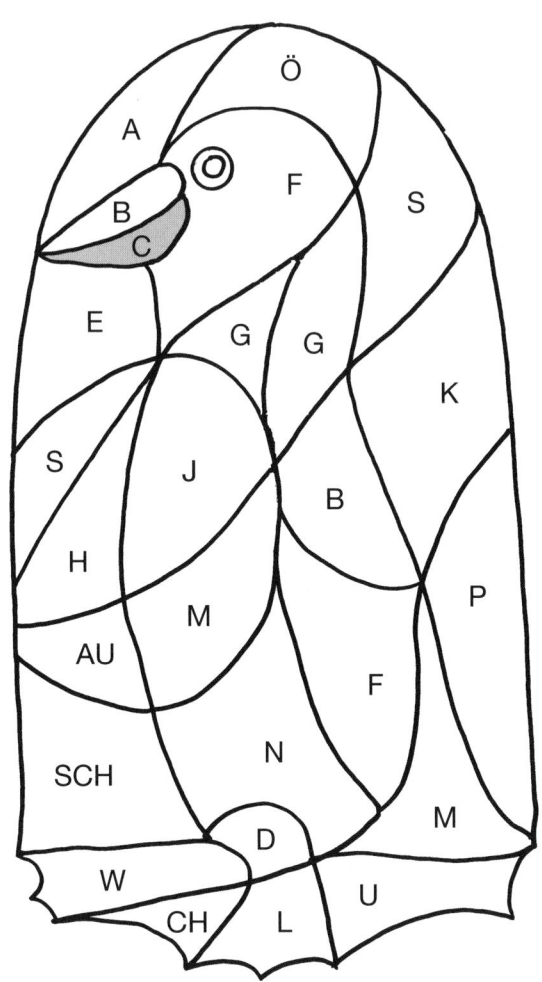

AUSMALEN

3 ABC – Lösungen

Buchstaben (Anlaute)

(Computer)	U **C**	(Hose)	**H** S	(Löwe)	L **Ö**
(Dach)	CH **D**	(Jaguar)	**J** I	(Frosch)	SCH **F**
(Fahrrad)	A **F**	(Nase)	**N** S	(Buch)	**B** CH
(Messer)	E **M**	(Maus)	S **M**	(Wurst)	**W** U
(Gans)	**G** S	(Baum)	**B** AU	(Giraffe)	**G** I

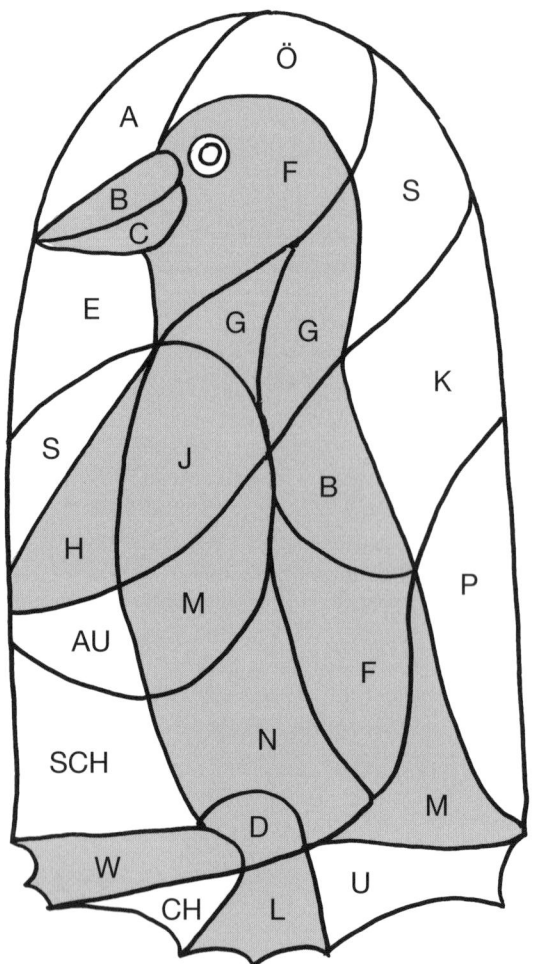

So geht's:
- Bei jedem Bild in der Tabelle entscheiden, welcher Anlaut richtig ist.
- Den richtigen Buchstaben unterstreichen.
- Den unterstrichenen Buchstaben im Bild unten suchen und das zugehörige Feld ausmalen (mit einer Farbe oder Bleistift). 4 Buchstabenfelder kommen zweimal vor.
- Einige Buchstabenfelder im Bild bleiben übrig.
- **Selbstkontrolle:** Bild.

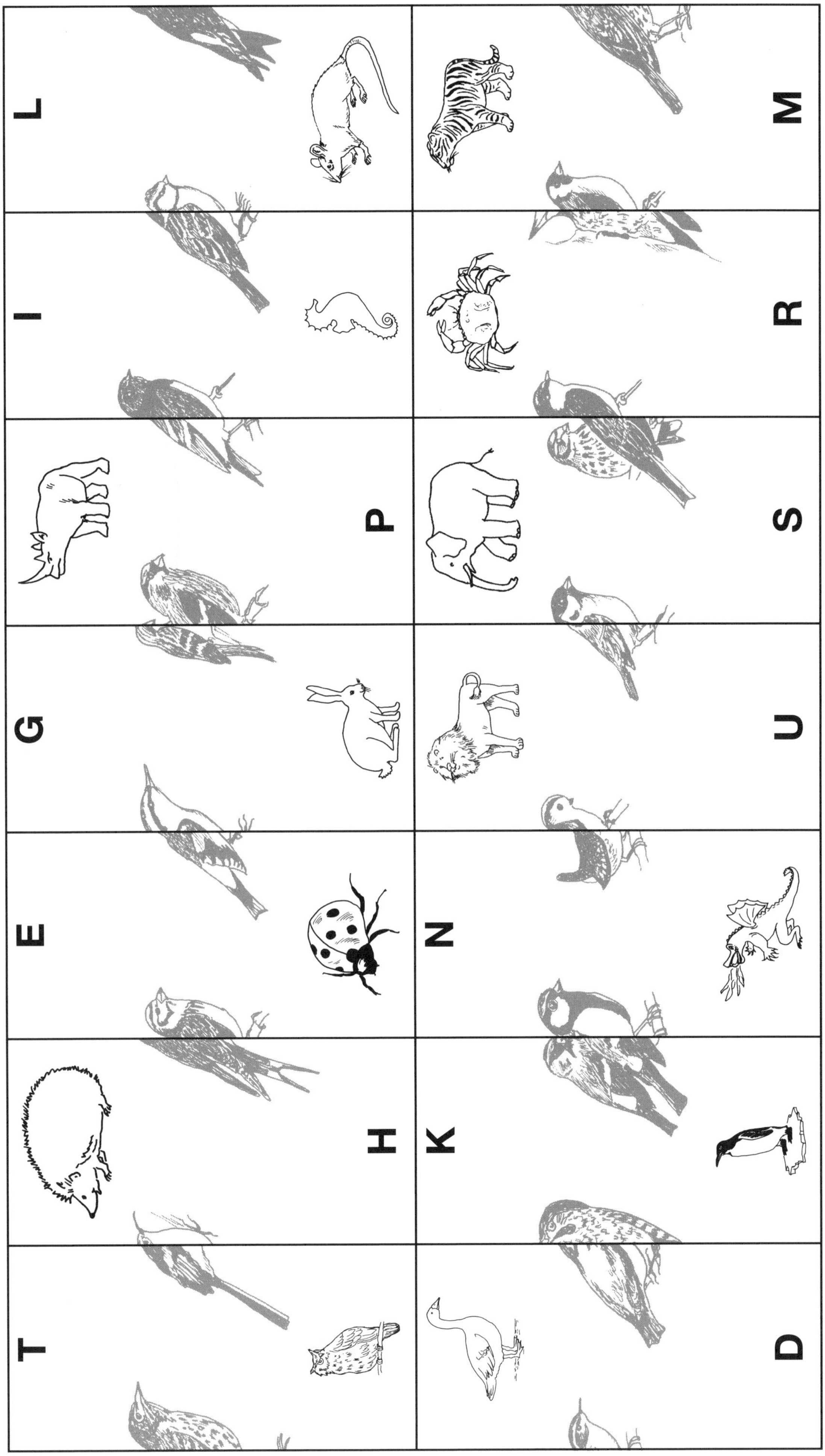

4 ABC Buchstaben (Anlaute)

4 ABC – Lösungen

Buchstaben (Anlaute)

So geht's:
- Dominokärtchen ausschneiden.
- Beliebiges Kärtchen auswählen und überlegen, welches Wort zum Bild gehört.
- Das Dominokärtchen mit dem passenden Anfangsbuchstaben rechts anlegen und für das neue Bild wieder das richtige Wort überlegen usw.
- **Selbstkontrolle:** Lösungsbilder in der Mitte.
- **Tipp:** Zum Schluss Dominokärtchen aufkleben und ausmalen.

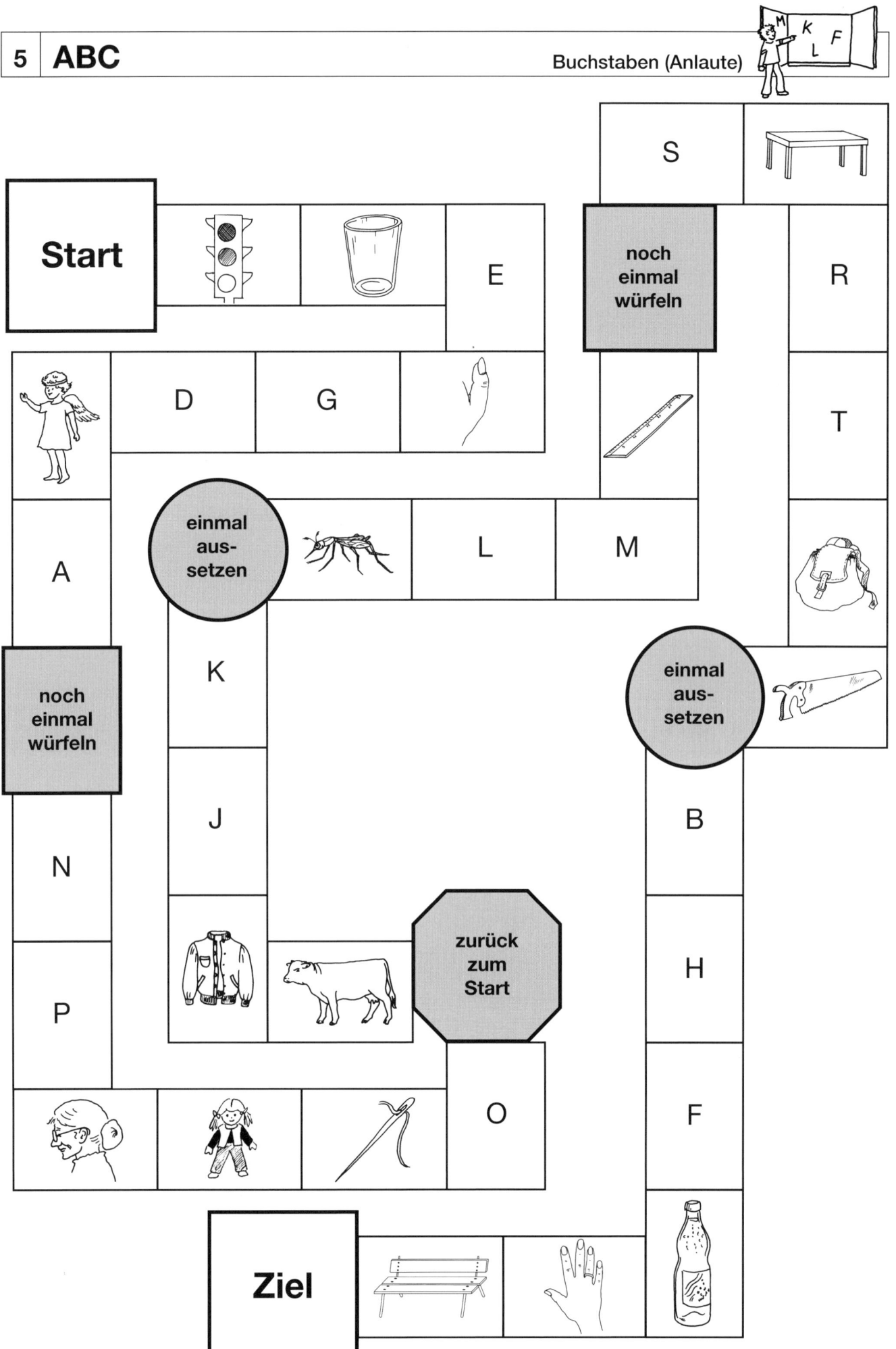

5 ABC – Lösungen

Buchstaben (Anlaute)

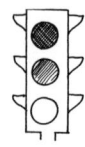 Ampel – A

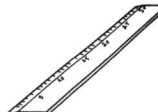 Lineal – L

 Glas – G

 Mücke – M

 Daumen – D

 Säge – S

 Engel – E

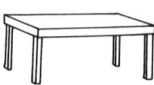 Tisch – T

 Nadel – N

 Rucksack – R

 Oma – O

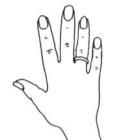 Hand – H

 Puppe – P

 Flasche – F

 Jacke – J

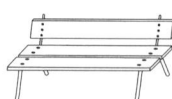 Bank – B

 Kuh – K

Spielregel:
- Je Spieler eine Spielfigur auf das Startfeld setzen.
- Reihum mit einem Würfel würfeln.
- Spielfigur entsprechend der Augenzahl vorwärts setzen.
- Passendes Bild zum Anfangsbuchstaben bzw. passenden Anfangsbuchstaben zum Bild suchen und entsprechend vor- oder zurücksetzen (immer nur bis zum nächsten Zusatzfeld).
- Zusatzfelder (grau unterlegt) regeln besondere Aufträge.
- Gewinner ist, wer zuerst das Ziel erreicht oder überschreitet.
- **Tipp:** Vereinbaren, ob Rauswerfen erlaubt sein soll.

6 | ABC — Buchstaben (Anlaute)

Puzzleteile

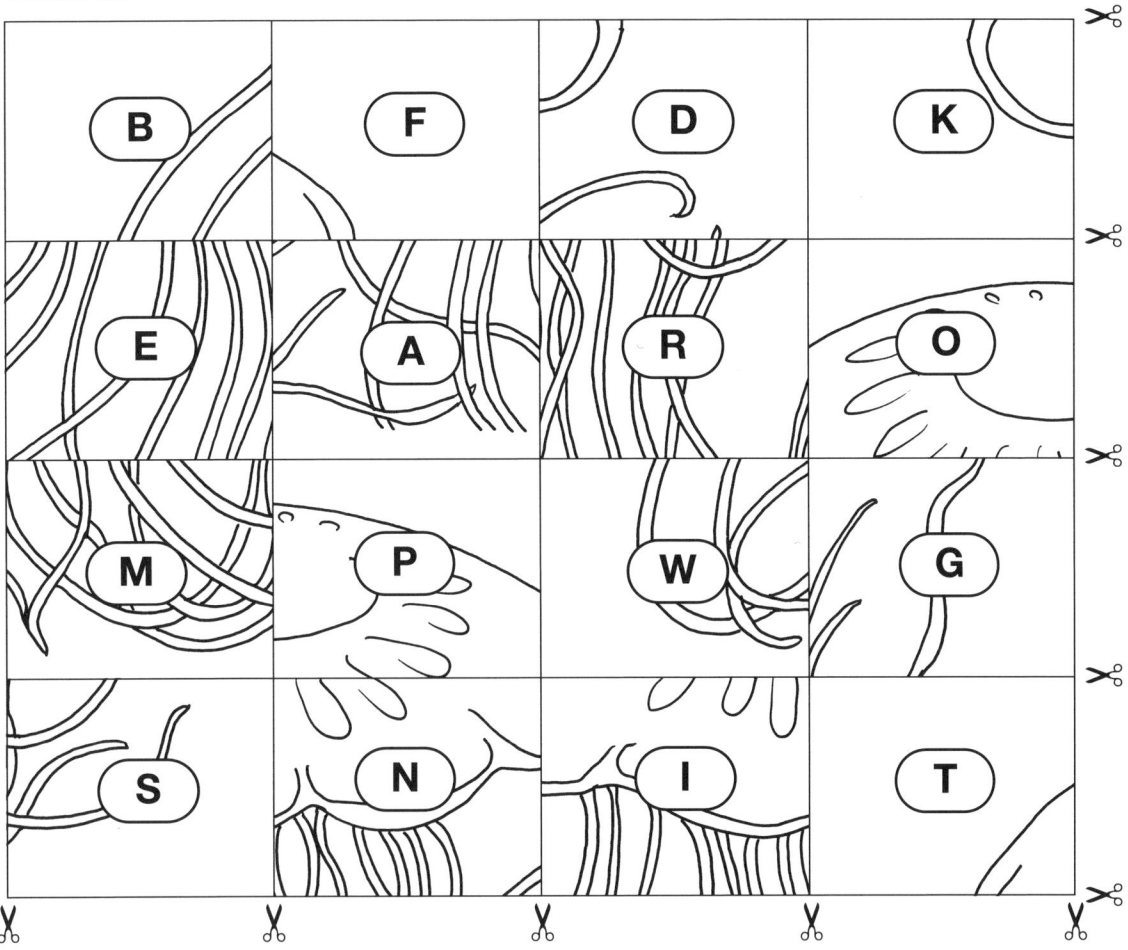

Spielplan

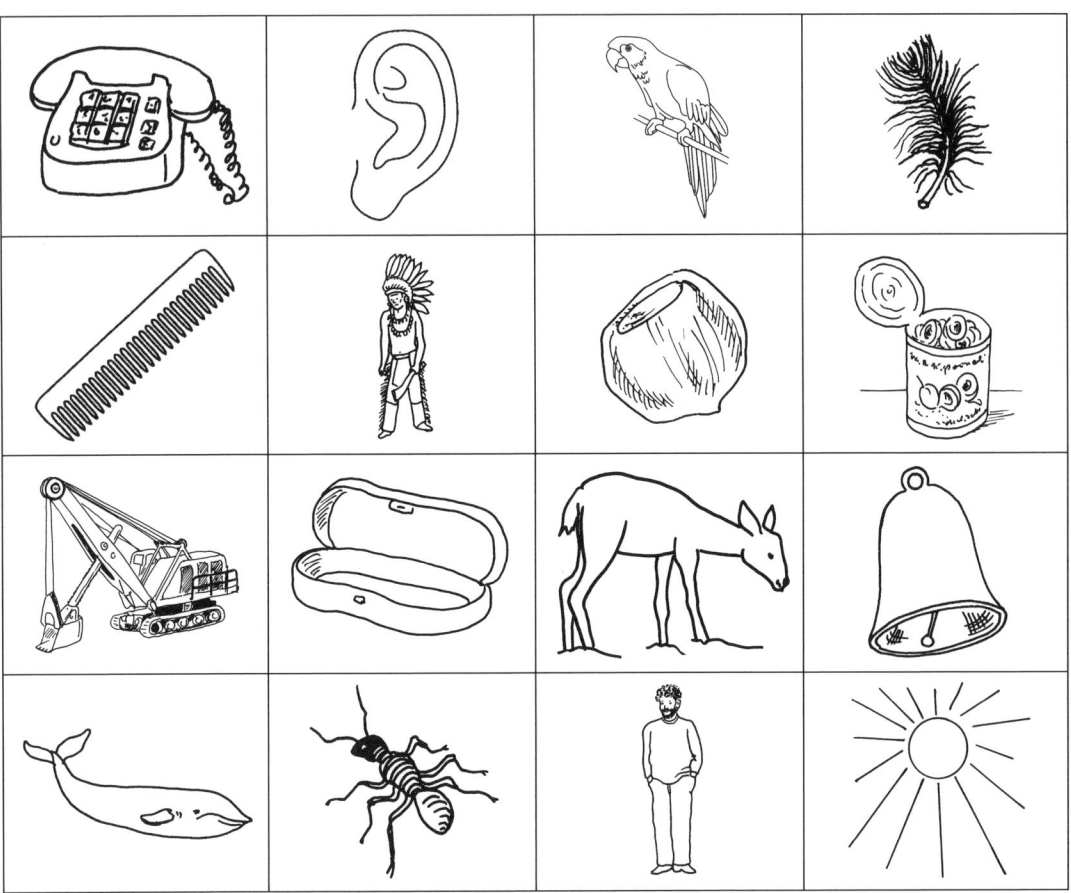

6 ABC – Lösungen

Buchstaben (Anlaute)

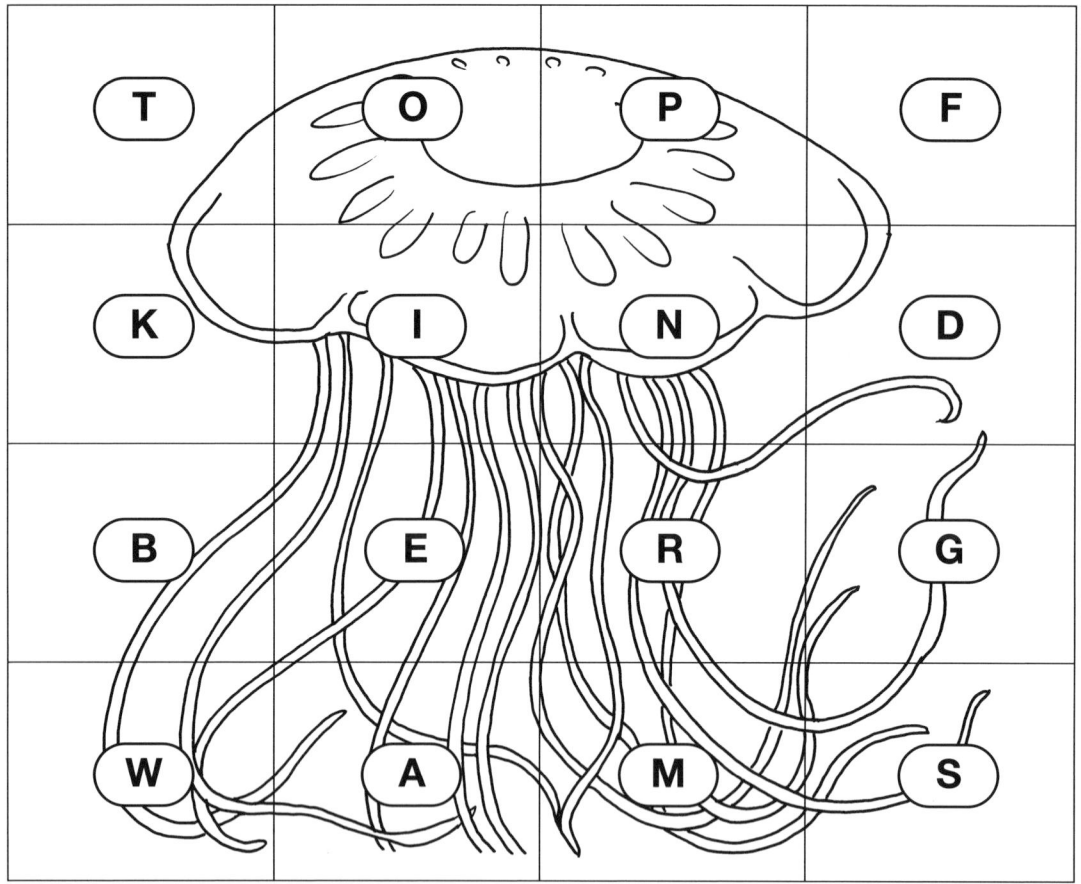

So geht's:
- Puzzleteile ausschneiden.
- Jedem Bild im Spielplan den richtigen Anfangsbuchstaben zuordnen.
- Das passende Puzzleteil im Spielplan auflegen.
- **Selbstkontrolle:** Bild und in jeder Reihe ein Wort.
- **Tipp:** Zum Schluss Puzzleteile aufkleben und ausmalen.

7 | ABC

Buchstaben (Anlaute)

⚖	**W**	👶	N
	A		K
🌴	M	🛋	C
	P		S
🍳	E	🏍	M
	L		O
🚪	T	🌵	K
	Ü		U
🤺	R	✈	F
	I		Z
🖼	B	🥛	J
	L		G
🎩	T	🏠	K
	H		D

BILD AUS PUNKTEN

7 ABC – Lösungen

Buchstaben (Anlaute)

⚖	**W** A		👵	**N** K
🌴	M **P**		🛋	C **S**
🍳	E **L**		🏍	**M** O
🚪	**T** Ü		🌵	**K** U
🛡	**R** I		✈	**F** Z
🖼	**B** L		🥛	**J** G
🎩	T **H**		🏠	K **D**

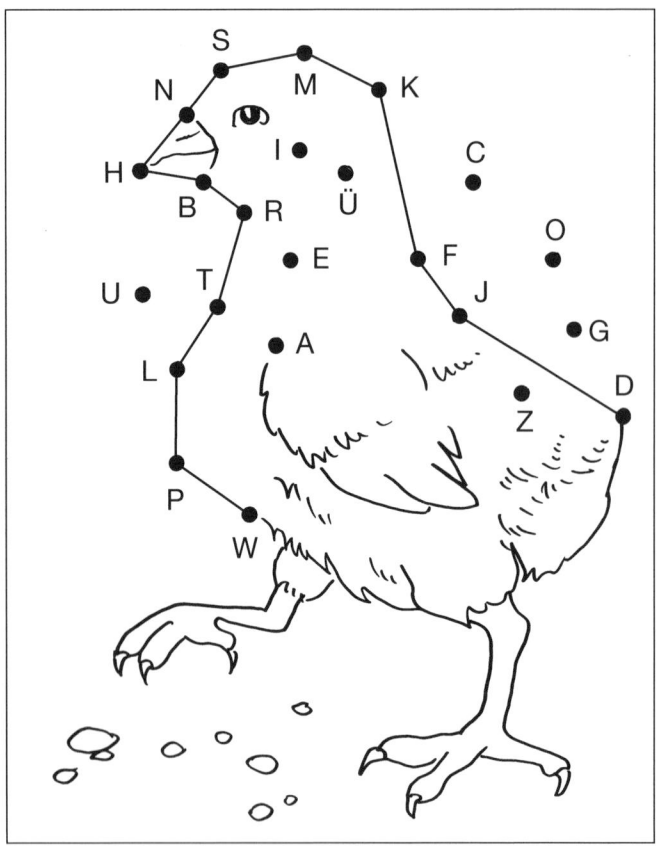

So geht's:
- Zu jedem Bild in der Tabelle das passende Wort überlegen.
- Den Anfangsbuchstaben des Wortes unterstreichen.
- Die Punkte bei den unterstrichenen Buchstaben im Bild unten der Reihe nach miteinander verbinden (Lineal).
- Einige Bildpunkte bleiben übrig.
- **Selbstkontrolle:** Bild.
- **Tipp:** Zum Schluss das Bild ausmalen.

8 | ABC   Buchstaben (Anlaute)

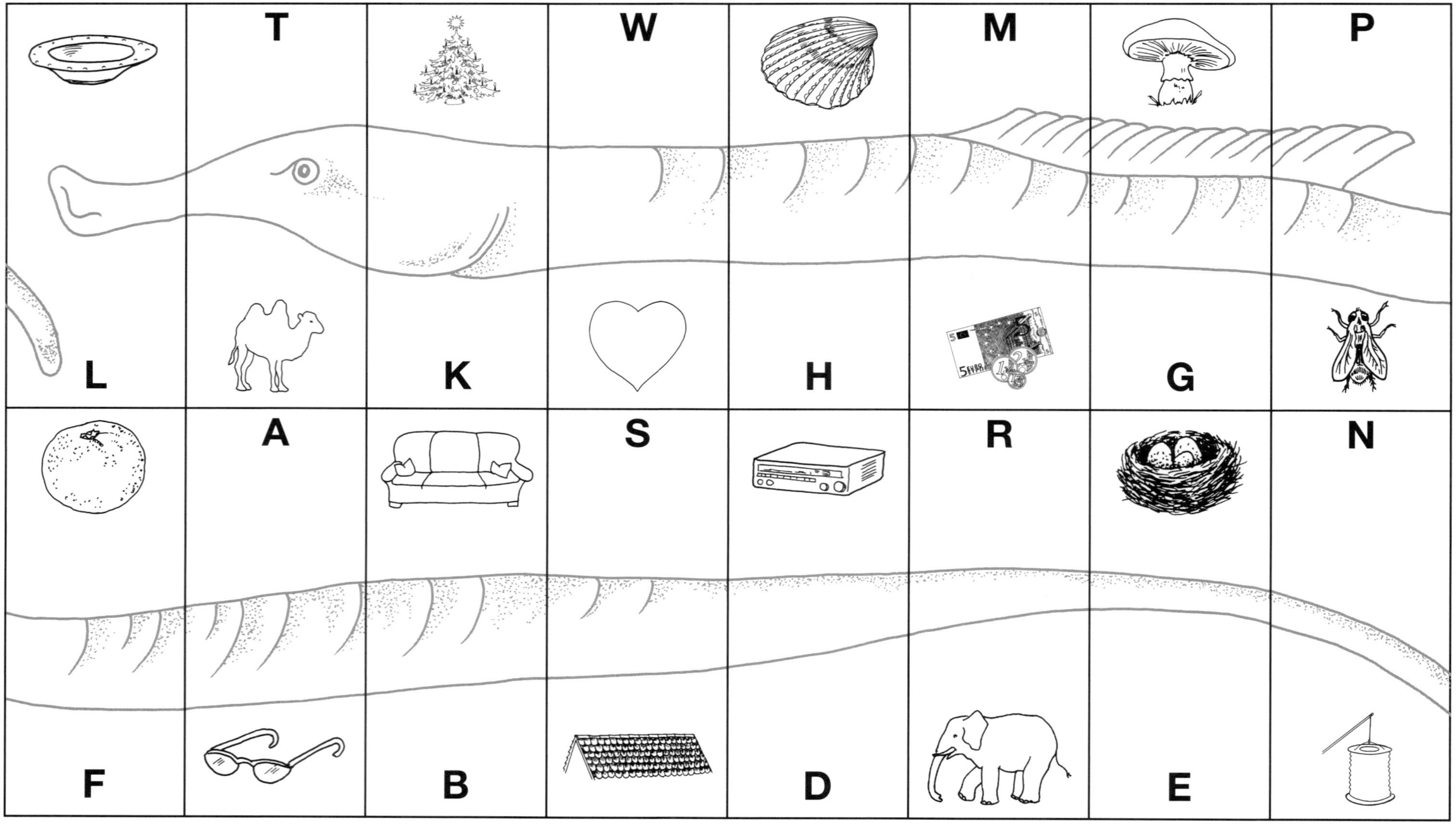

8 ABC – Lösungen

Buchstaben (Anlaute)

P	M	M		W	T	T	L
N	G	R	H	S	K	A	F
	E	D	B				F

So geht's:
- Dominokärtchen ausschneiden.
- Ein beliebiges Kärtchen auswählen und überlegen, welches Wort zum kleinen Bild gehört.
- Das Dominokärtchen mit dem passenden Anfangsbuchstaben des Wortes rechts anlegen und für das neue Bild wieder das richtige Wort überlegen usw.
- **Selbstkontrolle:** Fortlaufendes Lösungsbild in der Mitte.
- **Tipp:** Zum Schluss Dominokärtchen aufkleben und ausmalen.

9 | AU, PF, Ü, Z ...

Buchstaben (Anlaute)

Start — EI — QU — noch einmal würfeln — PF — CH — AU — Ö — Z — einmal aussetzen — SCH — EI — PF — Ziel — ST — SCH — SP — Y — einmal aussetzen — noch einmal würfeln — V — Ä — EU — zurück zum Start

WÜRFELSPIEL

9 | AU, PF, Ü, Z ... – Lösungen

Buchstaben (Anlaute)

 3 Äpfel – Ä

 Ölsardine – Ö

 Veilchen – V

 Zebra – Z

 Eishörnchen – EI

 Auto – AU

 Qualle – QU

 Chinese – CH

 Stiefmütterchen – ST

 Pferd – PF

 Schlange – SCH

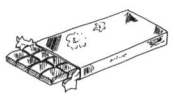 Schokolade – SCH

 Eule – EU

 Eichhörnchen – EI

 Yak – YA

 Pfirsich – PF

 Spinne – SP

Spielregel:
- Je Spieler eine Spielfigur auf das Startfeld setzen.
- Reihum mit einem Würfel würfeln.
- Spielfigur entsprechend der Augenzahl vorwärts setzen.
- Passendes Bild zum Anlaut (Anfangsbuchstaben) bzw. passenden Anlaut (Anfangsbuchstaben) zum Bild suchen und entsprechend vor- oder zurücksetzen (immer nur bis zum nächsten Zusatzfeld).
- Zusatzfelder (grau unterlegt) regeln besondere Aufträge.
- Gewinner ist, wer zuerst das Ziel erreicht oder überschreitet.
- **Tipp:** Vereinbaren, ob Rauswerfen erlaubt sein soll.

10 | AU, PF, Ü, Z ... Buchstaben (Anlaute)

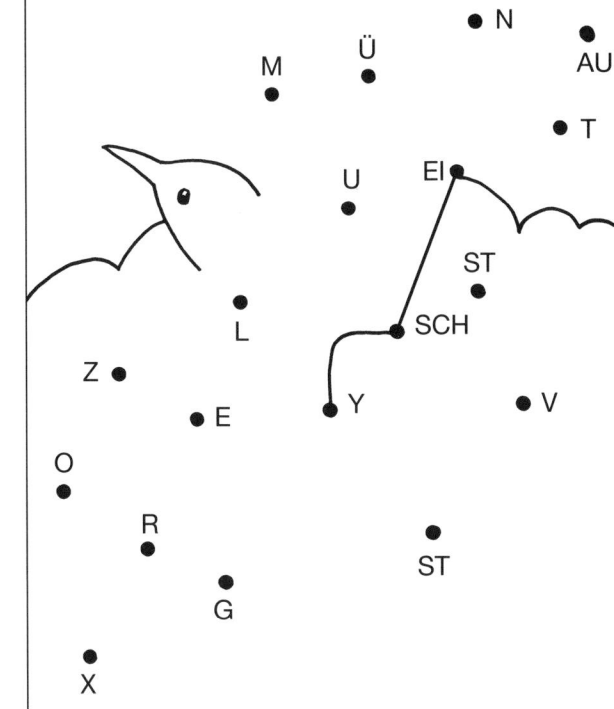

🚢	ST **SCH**	🎹	L X
🪣	**EI** M	🐐	Y O
🚗	AU T	🦩	R ST
🚫	N Ü	🐦	V G
⛺	E Z	👞	SCH U

Spiel 1

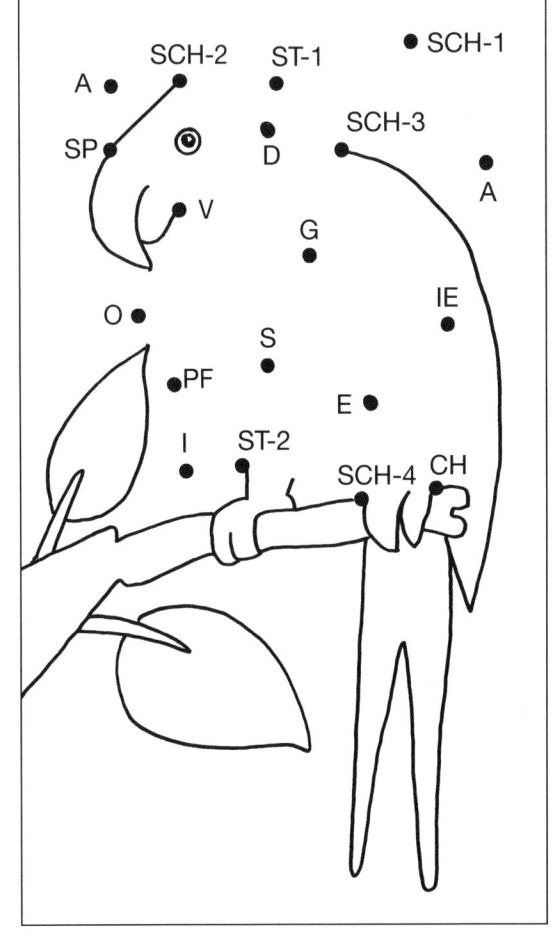

🐦	SCH-1 **SP**	⛄	SCH-4 E
🐑	**SCH-2** A	👢	IE ST-2
🦢	O ST-1	🍊	S PF
🐍	SCH-3 G	🏺	V A
🍄	CH D	🕷	SP I

Spiel 2

Krampe/Mittelmann: Lesestart 1
© Brigg Pädagogik Verlag GmbH, Augsburg

BILDER AUS PUNKTEN

10 AU, PF, Ü, Z ... – Lösungen

Buchstaben (Anlaute)

Schiff	ST / **SCH**		Xylophon	L / **X** / Y
Eimer	**EI** / M		Yak	**Y** / O / R
Auto	**AU** / T		Strauß	**ST** / V / G
Überholverbot-Schild	N / **Ü** / E		Vogel	**V** / G
Zelt	E / **Z**		Schuh	**SCH** / U

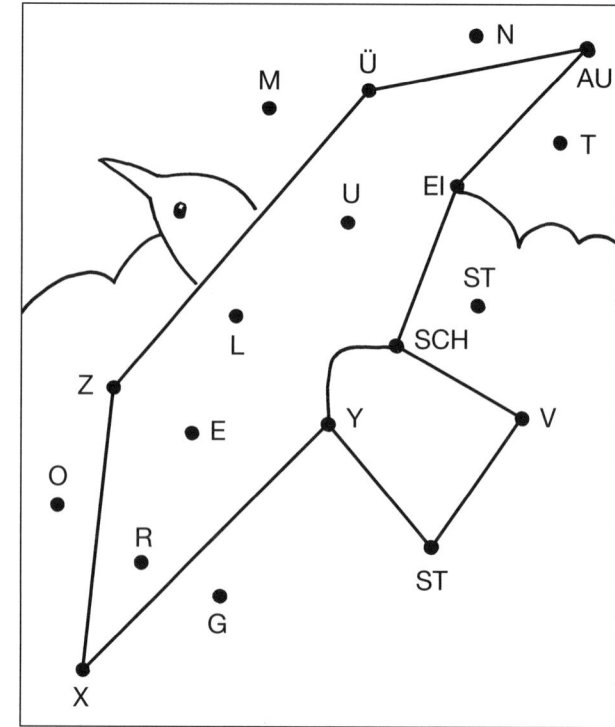

Spiel 1 – So geht's:
- Zu jedem Bild in der Tabelle den richtigen Anlaut aussuchen.
- Den oder die Buchstaben unterstreichen.
- Die Punkte bei den unterstrichenen Buchstaben im Bild rechts der Reihe nach miteinander verbinden (Lineal).
- Einige Bildpunkte bleiben übrig.
- **Selbstkontrolle:** Bild.
- **Tipp:** Zum Schluss das Bild ausmalen.

Spatz	SCH-1 / **SP**		Schneemann	**SCH-4** / E
Schaf	**SCH-2** / A		Stiefel	IE / **ST-2**
Storch	O / **ST-1**		Pfirsich	S / **PF**
Schlange	**SCH-3** / G		Vase	**V** / A
Champignon	**CH** / D		Spinne	**SP** / I

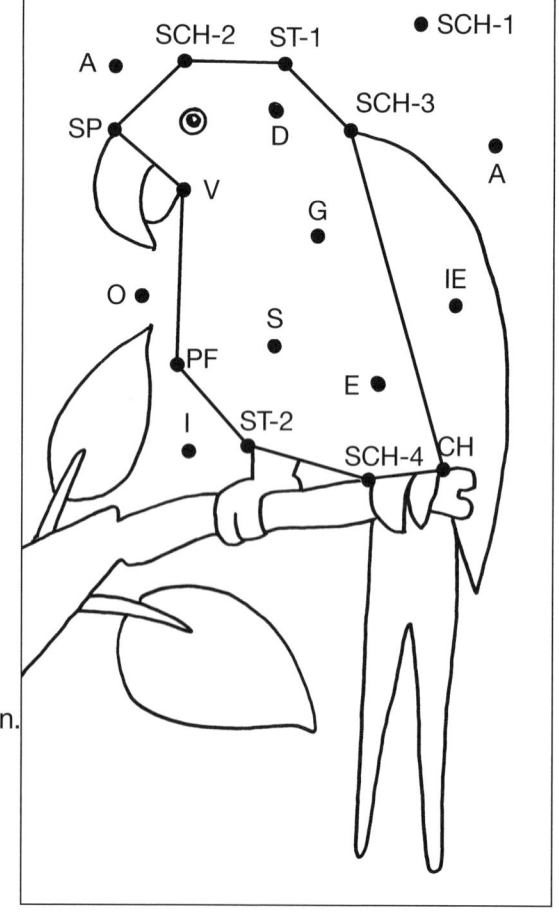

Spiel 2 (schwieriger) – So geht's:
- Zu jedem Bild in der Tabelle den richtigen Anlaut aussuchen.
- Den oder die Buchstaben unterstreichen.
- Die Punkte bei den unterstrichenen Buchstaben im Bild rechts der Reihe nach miteinander verbinden (Lineal).
- Einige Bildpunkte bleiben übrig.
- **Selbstkontrolle:** Bild.
- **Tipp:** Zum Schluss das Bild ausmalen.

11 -ch-, -ei-, -ß- ... Buchstaben (Inlaute)

Puzzleteile

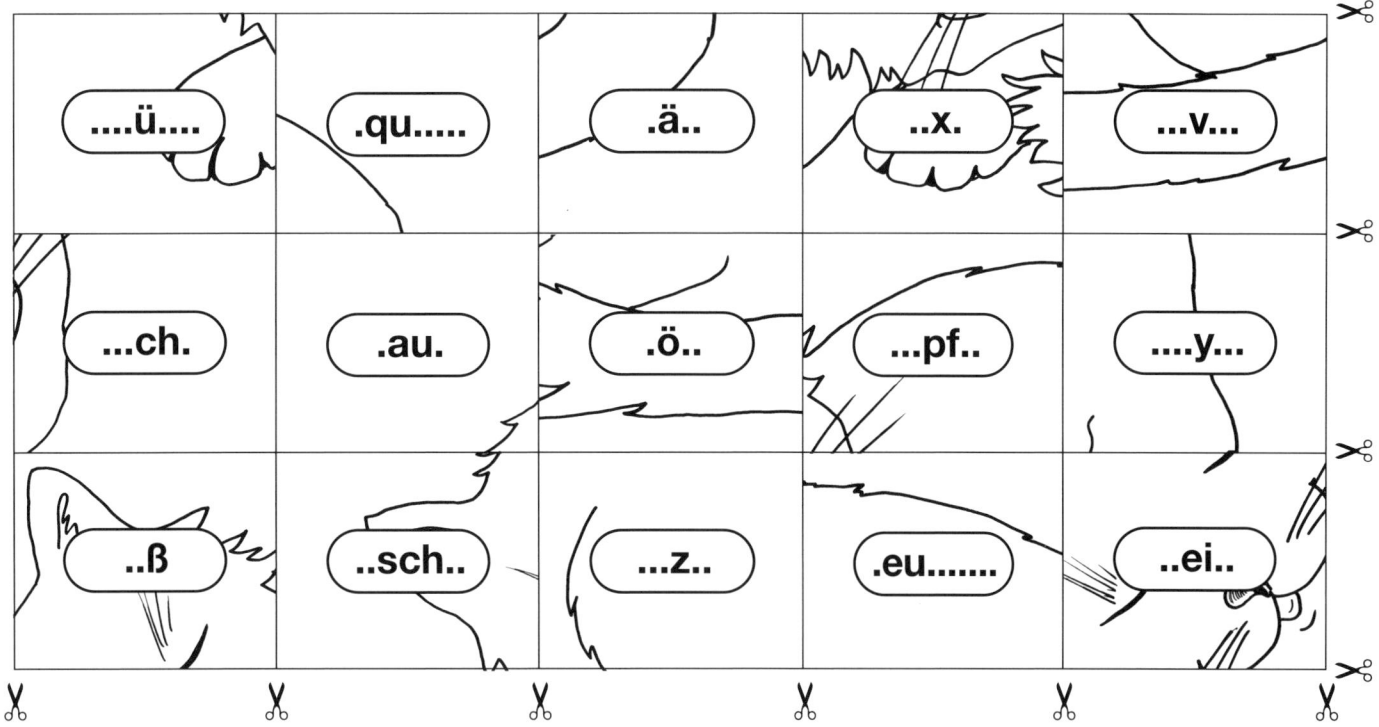

Spielplan

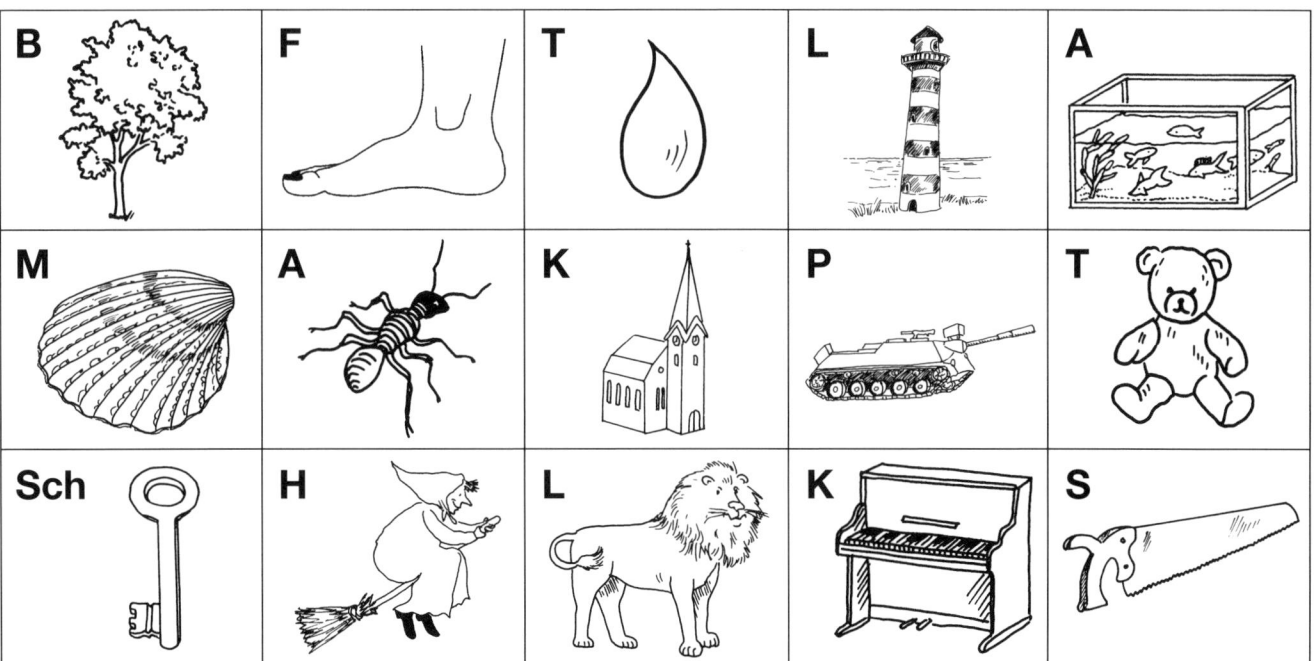

11 -ch-, -ei-, -ß- ... – Lösungen

Buchstaben (Inlaute)

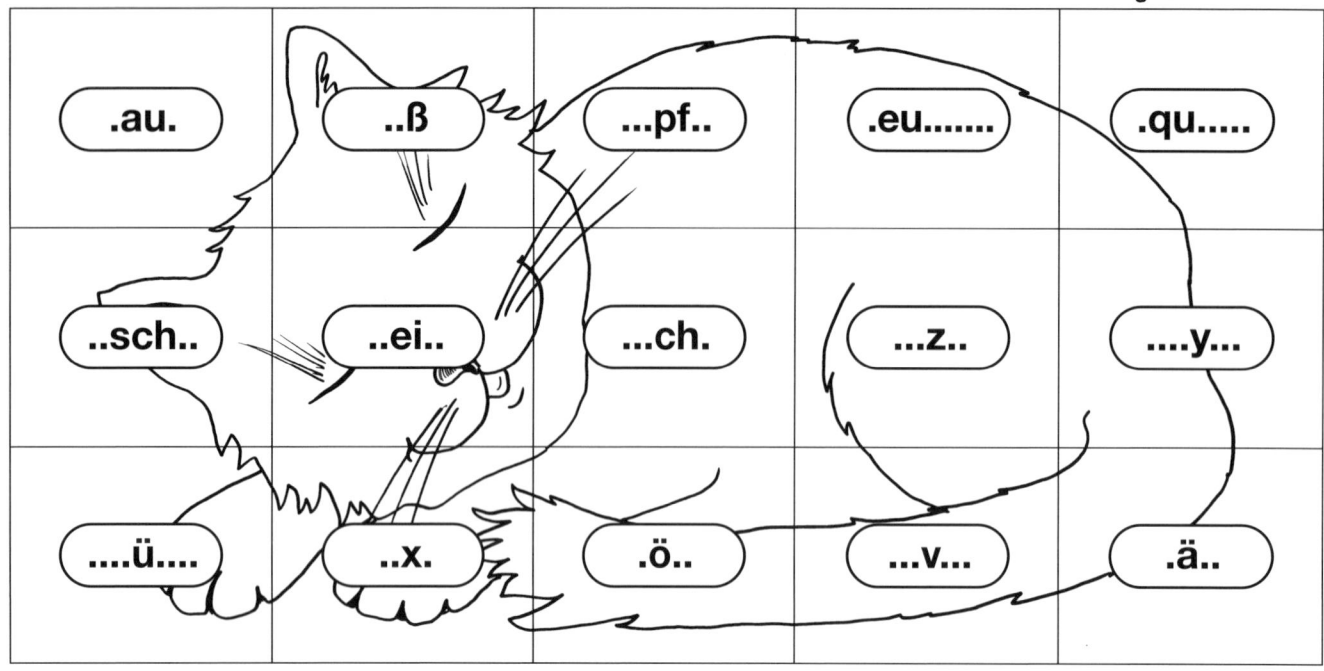

So geht's:
- Puzzleteile ausschneiden.
- Jedem Bild im Spielplan den oder die richtigen Buchstaben zuordnen.
- Als Hilfestellung sind im Spielplan die Anlaute der gesuchten Wörter und auf den Puzzleteilen Punkte für die übrigen Buchstaben vorgegeben.
- Die passenden Puzzleteile im Spielplan auflegen.
- **Selbstkontrolle:** Bild.
- **Tipp:** Zum Schluss Puzzleteile aufkleben und ausmalen.

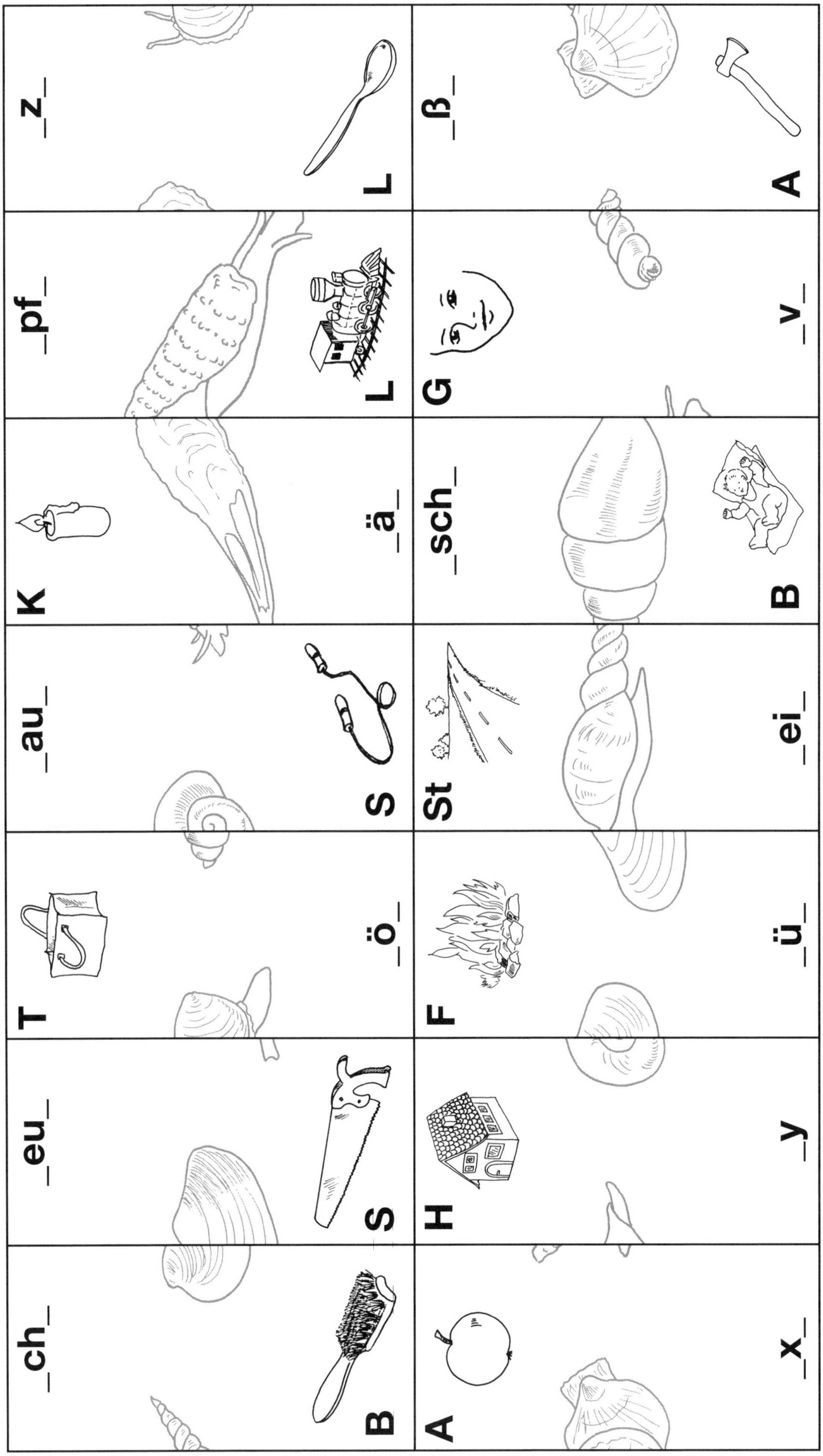

12 | -ch-, -ei-, -ß- ...   Buchstaben (Inlaute)

_z_ L	_ß_ A
_pf_ L	_v_ G
_ä_ K	_sch_ B
_au_ S	_ei_ St
_ö_ T	_ü_ F
_eu_ S	_y_ H
_ch_ B	_x_ A

12 -ch-, -ei-, -ß- ... – Lösungen Buchstaben (Inlaute)

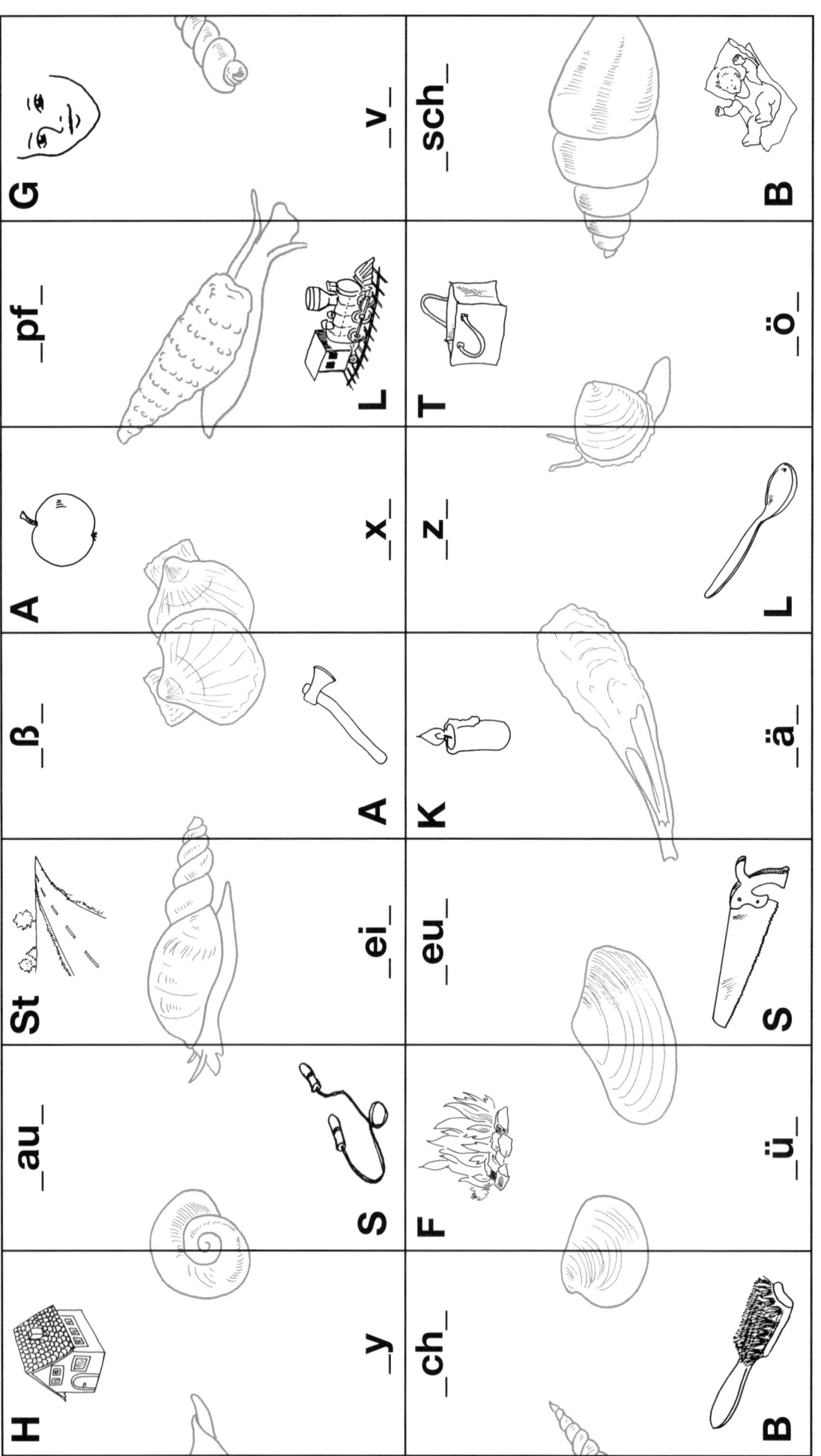

G _v_	_pf_ L	A _x_	_ß_ A	St _ei_	_au_ S	H _y_
sch B	T _ö_	_z_ L	K _ä_	_eu_ S	F _ü_	_ch_ B

So geht's:
- Dominokärtchen ausschneiden.
- Beliebiges Kärtchen auswählen und überlegen, welches Wort zum Bild gehört.
- Als Hilfestellung sind bei den kleinen Bildern die Anfangsbuchstaben vorgegeben.
- Das Dominokärtchen mit dem oder den passenden Inlauten rechts anlegen und für das neue Bild wieder das richtige Wort überlegen usw.
- **Selbstkontrolle:** Lösungsbilder in der Mitte.
- **Tipp:** Zum Schluss Dominokärtchen aufkleben und ausmalen.

13 Garten

Einzelwörter (Nomen)

Puzzleteile

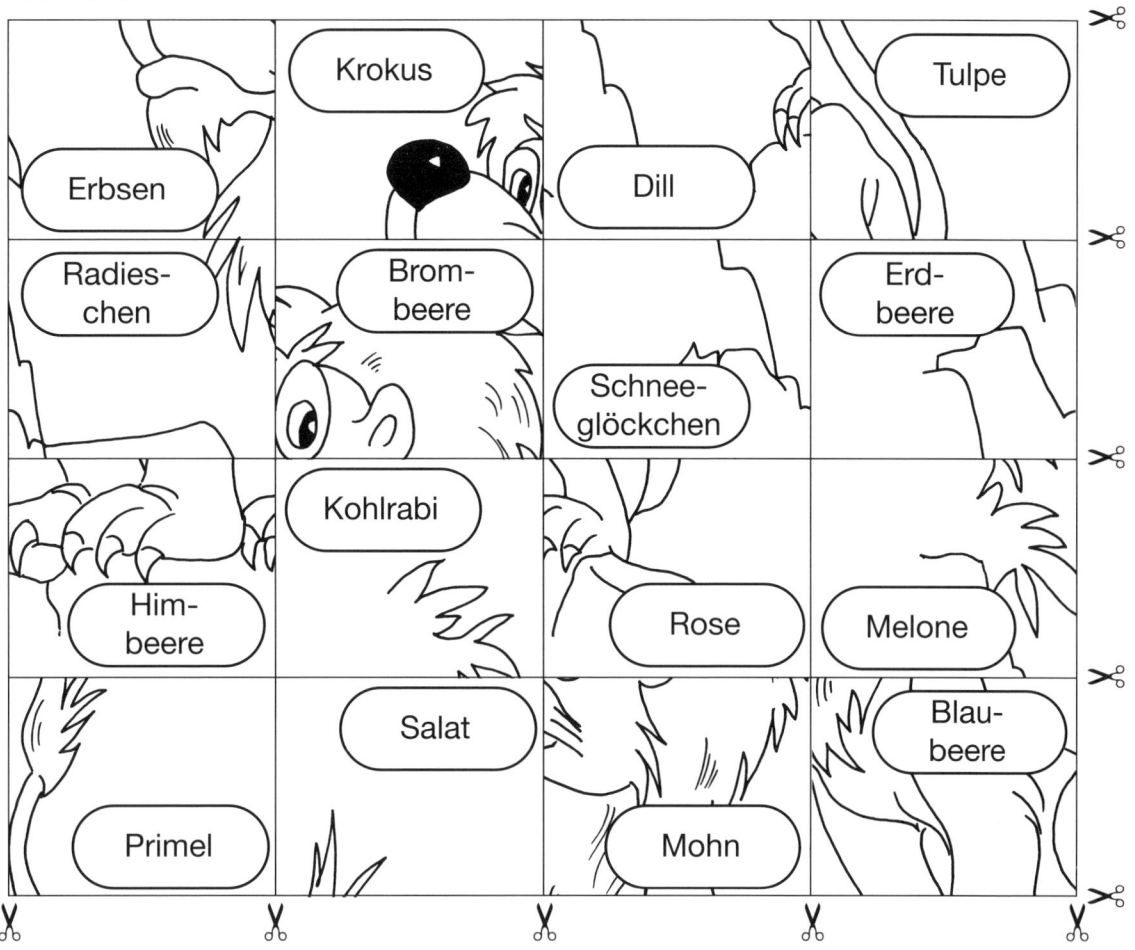

Spielplan

13 Garten – Lösungen   Einzelwörter (Nomen)

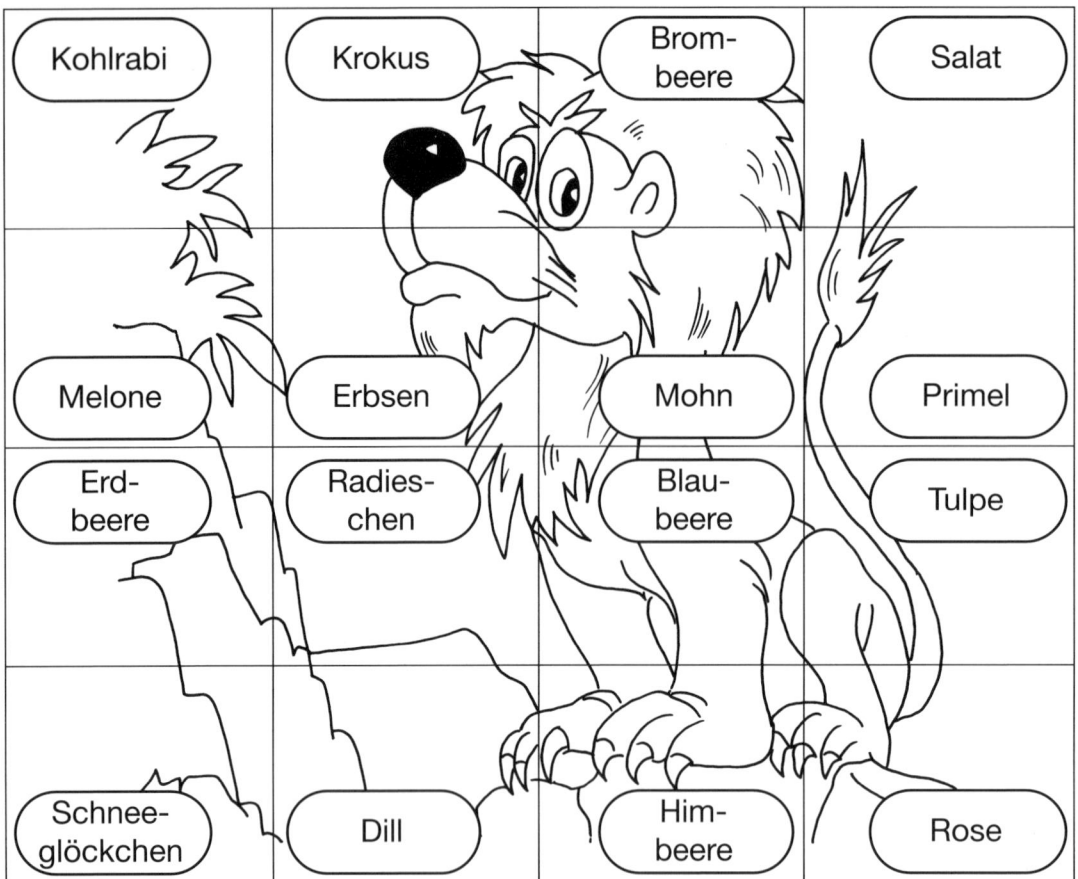

So geht's:
- Puzzleteile ausschneiden.
- Jedem Bild im Spielplan das passende Wort (Nomen) zuordnen.
- Das Puzzleteil mit dem richtigen Wort im Spielplan auflegen.
- **Selbstkontrolle:** Bild.
- **Tipp:** Zum Schluss die Puzzleteile aufkleben und ausmalen.

14 Ferien

Einzelwörter (Nomen)

	Biene	J			Heizung	O
	Berge	**ST**			Hütte	N
	Primel	EI			Iglu	M
	Palme	Z			Indianer	L
	Gletscher	Y			Schlitten	K
	Glas	X			Schier	I
	Zelt	W			Ratte	H
	Zunge	V			Rucksack	G
	Kahn	U			Eishörnchen	F
	Karte	T			Eisbecher	E
	Wasserball	S			Sahne	D
	Wasserbecken	R			Segelboot	C
	Fische	QU			Taschenrechner	B
	Frösche	P			Taucherbrille	A

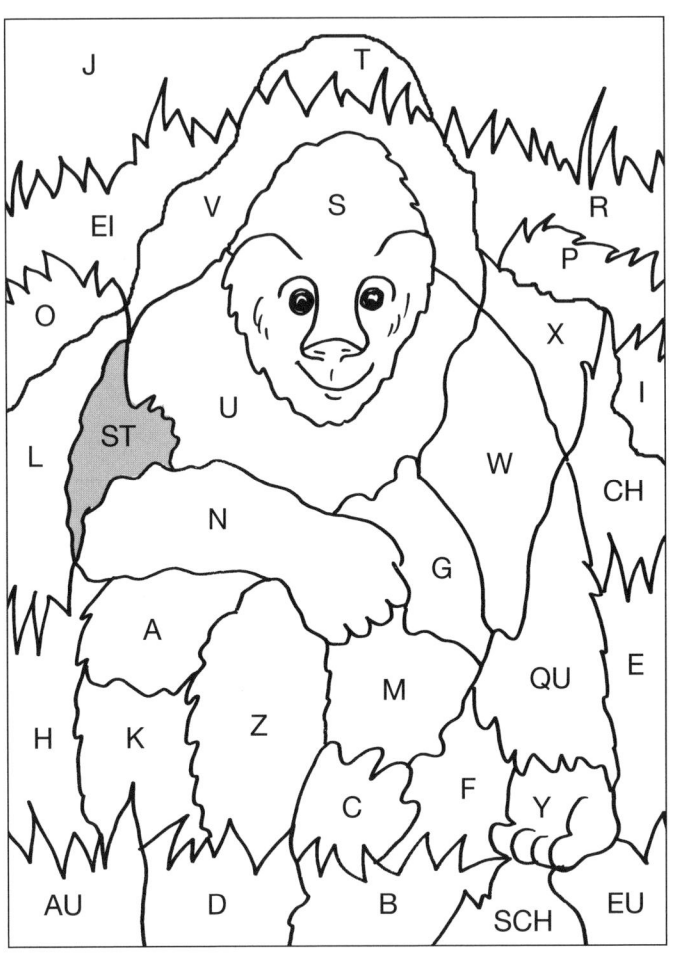

AUSMALEN 31

14 Ferien – Lösungen   Einzelwörter (Nomen)

	Wort	Buchst.		Wort	Buchst.
(Berge)	Biene / **Berge**	J / **ST**	(Hütte)	Heizung / **Hütte**	O / **N**
(Palme)	Primel / **Palme**	EI / **Z**	(Iglu)	**Iglu** / Indianer	**M** / L
(Gletscher)	**Gletscher** / Glas	**Y** / X	(Schlitten)	**Schlitten** / Schier	**K** / I
(Zelt)	**Zelt** / Zunge	**W** / V	(Rucksack)	Ratte / **Rucksack**	H / **G**
(Kahn)	**Kahn** / Karte	**U** / T	(Eishörnchen)	**Eishörnchen** / Eisbecher	**F** / E
(Wasserball)	**Wasserball** / Wasserbecken	**S** / R	(Segelboot)	Sahne / **Segelboot**	D / **C**
(Fische)	**Fische** / Frösche	**QU** / P	(Taucherbrille)	Taschenrechner / **Taucherbrille**	B / **A**

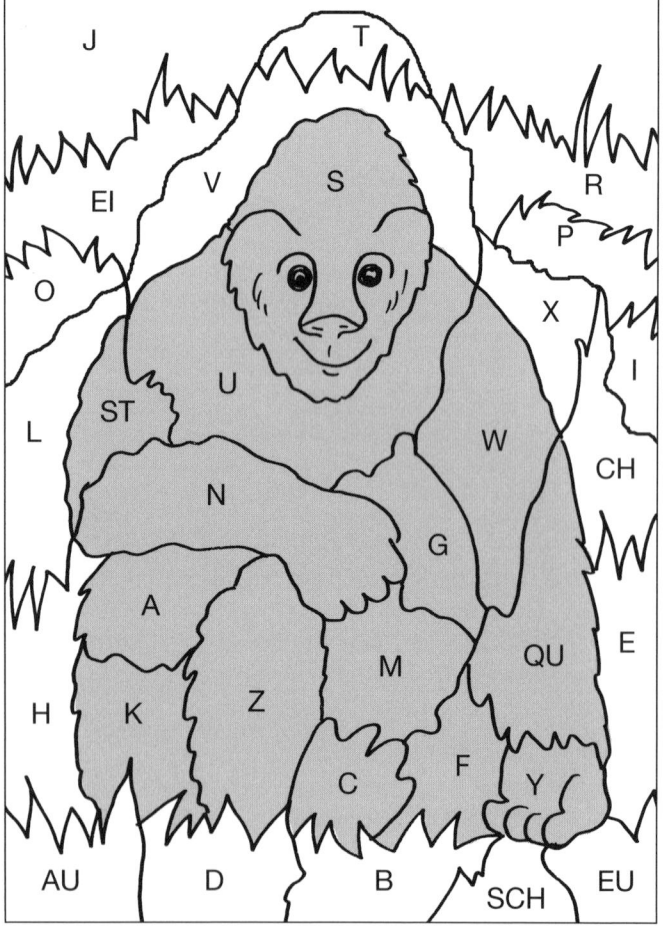

So geht's:
- Bei jedem Bild in der Tabelle entscheiden, welches Wort richtig ist.
- Das Wort und den Buchstaben dahinter unterstreichen.
- Den unterstrichenen Buchstaben im Bild unten suchen und das zugehörige Feld ausmalen (mit einer Farbe oder Bleistift).
- Einige Felder im Bild bleiben übrig.
- **Selbstkontrolle:** Bild.

15 Verkehr — Einzelwörter (Nomen)

Feuerwehr	Kreuzung
Lastwagen	Polizist
Motorrad	Straßen-bahn
Zebra-streifen	Fahrrad
Bus	Kreis-verkehr
Ampel	Roller
Stopschild	Auto

DOMINO

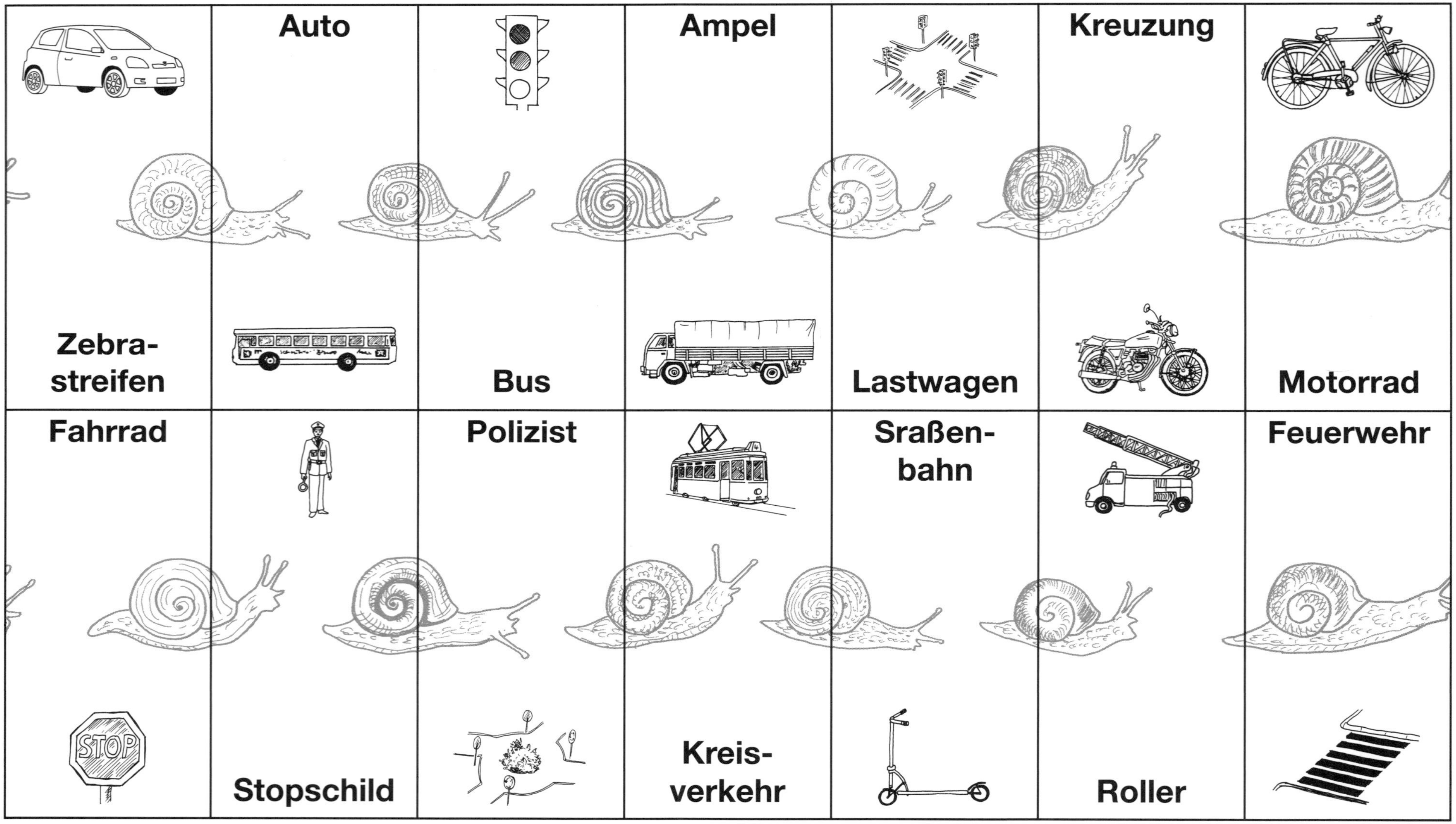

15 Verkehr – Lösungen

Einzelwörter (Nomen)

Auto	Ampel		Kreuzung	Motorrad
Zebra-streifen	**Bus**	**Lastwagen**	**Straßen-bahn**	**Feuerwehr**
Fahrrad	**Polizist**		**Kreis-verkehr**	**Roller**
Stopschild				

So geht's:
- Dominokärtchen ausschneiden.
- Beliebiges Kärtchen auswählen und überlegen, welches Wort zum Bild gehört.
- Das Dominokärtchen mit dem passenden Wort rechts anlegen und für das neue Bild wieder das richtige Wort überlegen usw.
- **Selbstkontrolle:** Lösungsbilder in der Mitte.
- **Tipp:** Zum Schluss Dominokärtchen aufkleben und ausmalen.

16 Schule

Einzelwörter (Nomen)

	ein Lineal	D		der Hausmeister	V
	eine Tafel	**F**		die Lehrerin	O
	ein Füller	K		der Rektor	I
	ein Bleistift	**L**		ein Schüler	C
	eine Landkarte	A		ein Anspitzer	U
	ein Bettuch	N		ein Radiergummi	W
	das Pult	T		ein Zeigestock	B
	ein Schrank	E		ein Auto	J
	ein Heft	P		ein Lineal	S
	ein Buch	Z		ein Zeigestock	Y
	ein Bleistift	Q		ein Baukasten	N
	ein Füller	H		ein Schwamm	M
	eine Kiste	G		die Federmappe	F
	eine Schultasche	R		ein Mülleimer	X

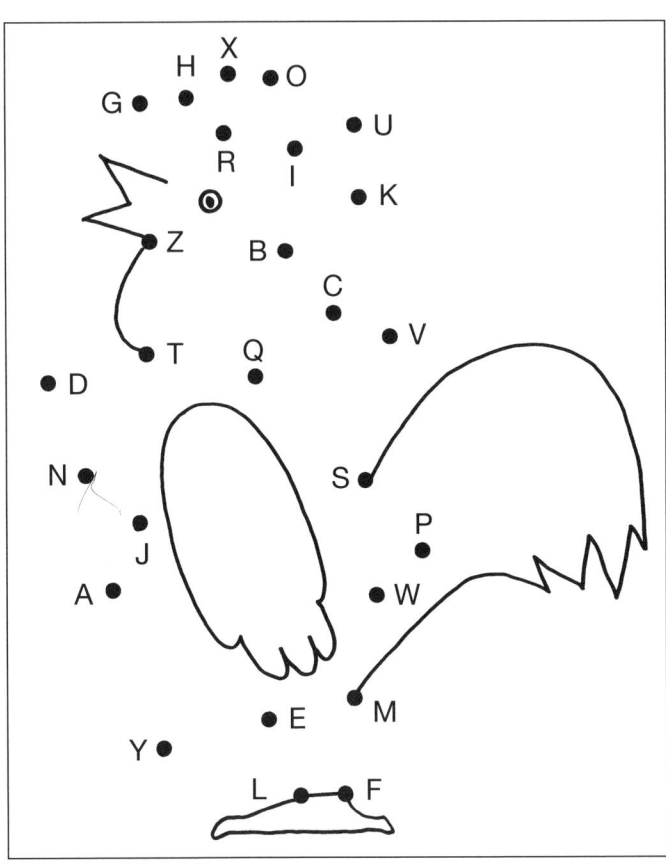

BILD AUS PUNKTEN

16 Schule – Lösungen Einzelwörter (Nomen)

	ein Lineal	D			der Hausmeister	V
	eine Tafel	**F**			**die Lehrerin**	**O**
	ein Füller	K			**der Rektor**	**I**
	ein Bleistift	**L**			ein Schüler	C
	eine Landkarte	**A**			**ein Anspitzer**	**U**
	ein Bettuch	N			ein Radiergummi	W
	das Pult	**T**			**ein Zeigestock**	**B**
	ein Schrank	E			ein Auto	J
	ein Heft	P			**ein Lineal**	**S**
	ein Buch	**Z**			ein Zeigestock	Y
	ein Bleistift	Q			ein Baukasten	N
	ein Füller	**H**			**ein Schwamm**	**M**
	eine Kiste	G			**die Federmappe**	**F**
	eine Schultasche	**R**			ein Mülleimer	X

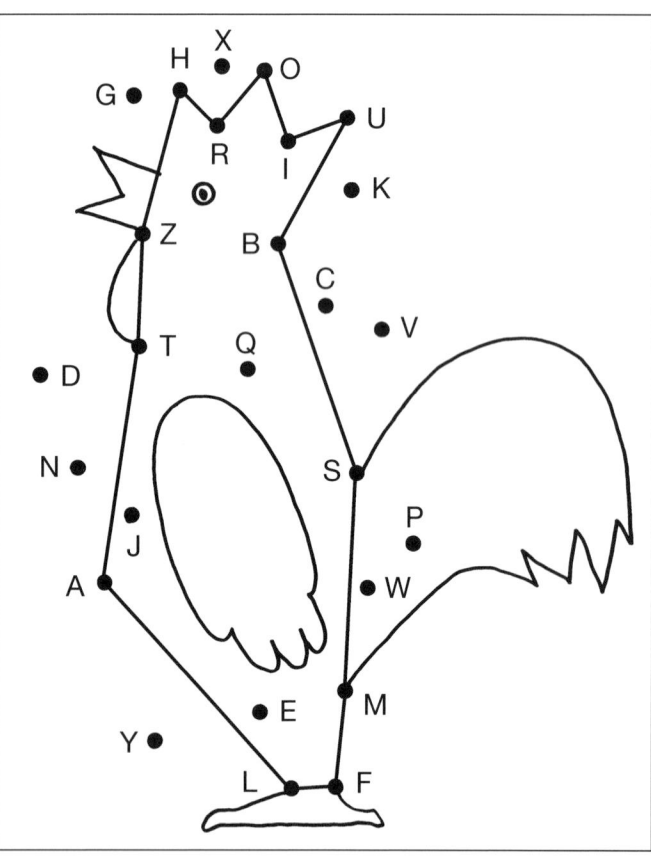

So geht's:
- Zu jedem Bild in der Tabelle das richtige Wort aussuchen.
- Das Wort und den Buchstaben dahinter unterstreichen.
- Die Punkte bei den unterstrichenen Buchstaben im Bild unten der Reihe nach miteinander verbinden (Lineal).
- Einige Bildpunkte bleiben übrig.
- **Selbstkontrolle:** Bild.
- **Tipp:** Zum Schluss das Bild ausmalen.

17 Kindergarten — Einzelwörter (Nomen)

Schlüssel:

Ball	Bauklötze	Briefmarken	Eisenbahn	Feuerwehrauto	Legostein
S	A	F	P	E	L

Luftballon	Malbuch	Malstifte	Playmobil	Polizeiauto	Puppe
P	E	I	G	S	A

Puppenbett	Springseil	Stuhlkreis	Teddybär	Turnmatte
E	N	B	U	D

Aufgaben:

Eisenbahn	Bauklötze	Teddybär	Polizeiauto	Malbuch	Springseil
P	A	U	S	E	N

Ball	Luftballon	Malstifte	Puppenbett	Legostein	Feuerwehrauto
S	P	I	E	L	E

Lösungswort: P A U S E N S P I E L E

17 Kindergarten – Lösungen

Einzelwörter (Nomen)

Aufgaben:

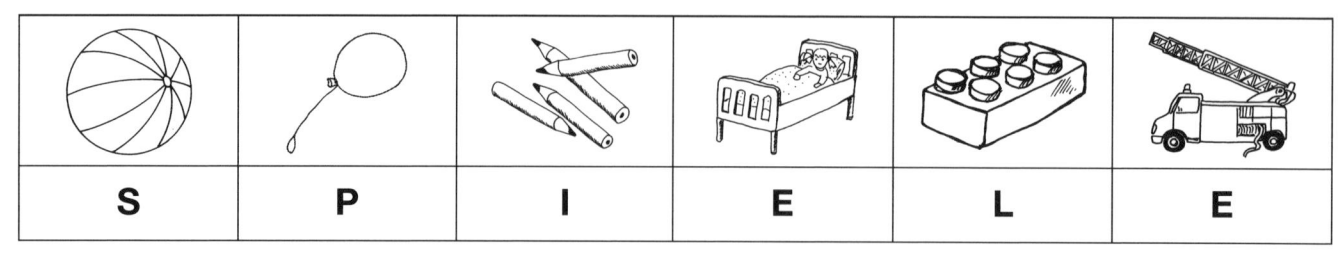

P	A	U	S	E	N

S	P	I	E	L	E

Lösungswort: P A U S E N S P I E L E

So geht's:
- Bilder bei den Aufgaben genau anschauen.
- Im Schlüssel das zum Bild passende Wort suchen und den Buchstaben aus dem Schlüssel unter dem Bild notieren.
- Alle notierten Buchstaben der Reihe nach bei Lösungswort eintragen.
- **Selbstkontrolle:** Lösungswort.

18 Obst — Einzelwörter (Nomen)

Puzzleteile

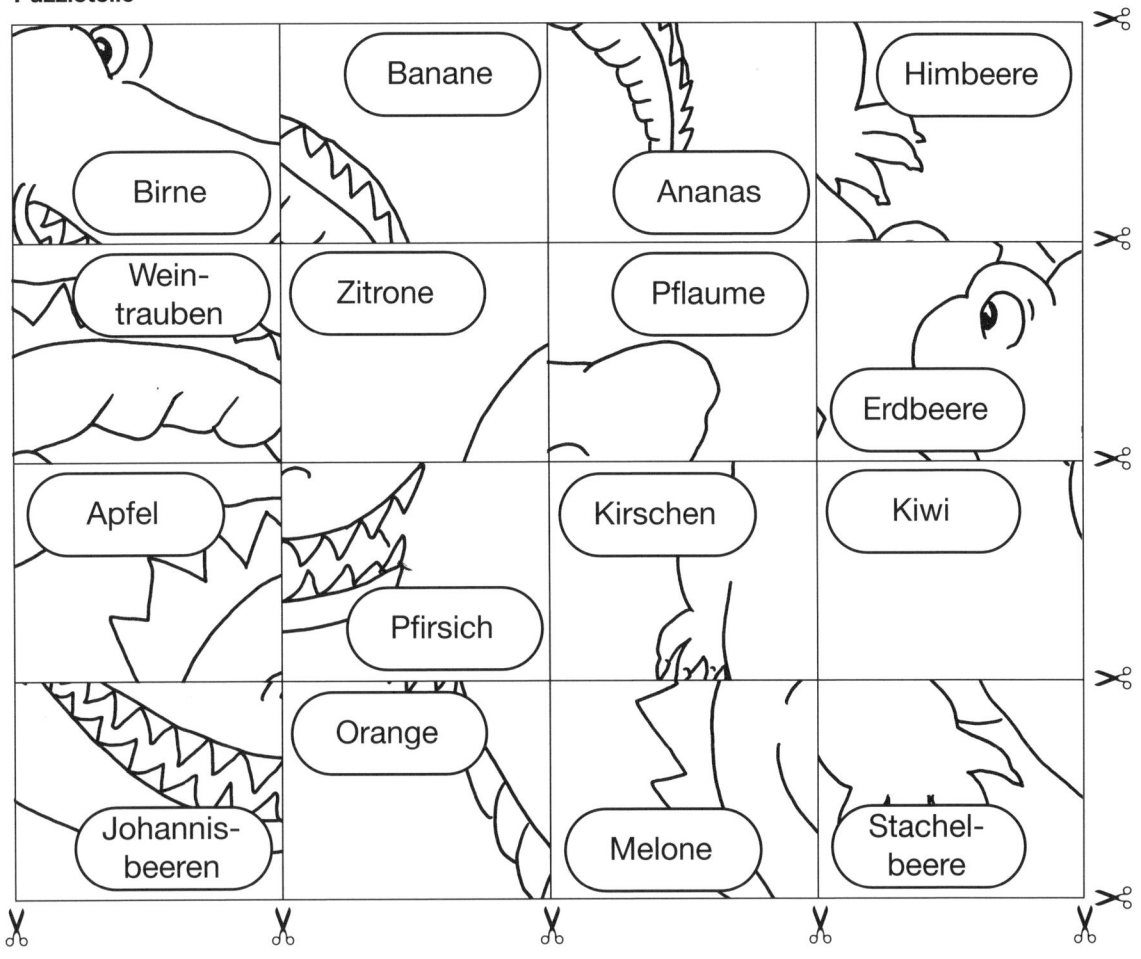

Birne	Banane	Ananas	Himbeere
Weintrauben	Zitrone	Pflaume	Erdbeere
Apfel	Pfirsich	Kirschen	Kiwi
Johannisbeeren	Orange	Melone	Stachelbeere

Spielplan

PUZZLE

18 Obst – Lösungen

Einzelwörter (Nomen)

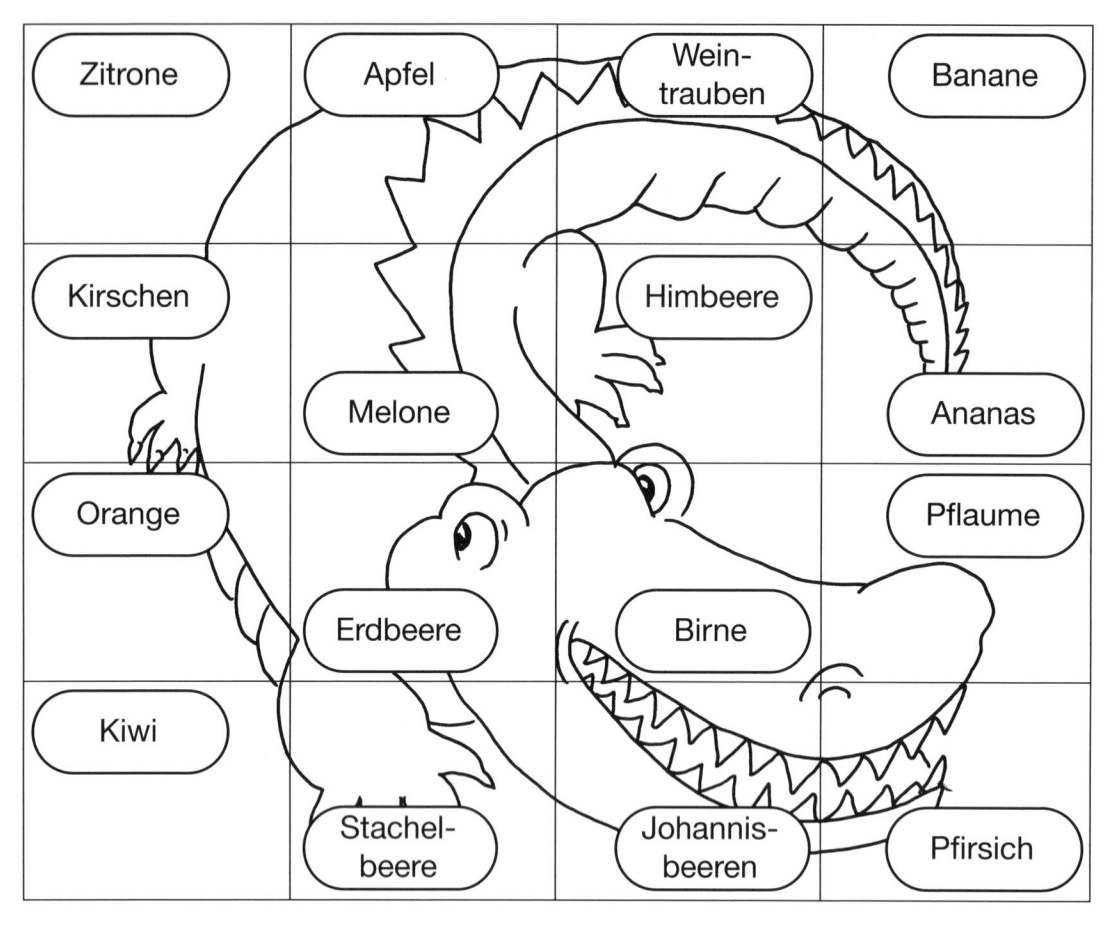

Zitrone	Apfel	Wein-trauben	Banane
Kirschen		Himbeere	
	Melone		Ananas
Orange			Pflaume
	Erdbeere	Birne	
Kiwi			
	Stachel-beere	Johannis-beeren	Pfirsich

So geht's:
- Puzzleteile ausschneiden.
- Jedem Bild im Spielplan das richtige Wort zuordnen.
- Das passende Puzzleteil im Spielplan auflegen.
- **Selbstkontrolle:** Bild.
- **Tipp:** Zum Schluss Puzzleteile aufkleben und ausmalen.

19 Geschenke

Einzelwörter (Nomen)

	Wort	Buchstabe		Wort	Buchstabe
🚲	Verrat / **Fahrrad**	Z / **B**	🎿	Schier / Schnee	A / QU
⚪	Ball / Knall	F / R	🧥	Pullover / Puder	C / E
🕐	Uhr / Uhu	J / X	🚗	Anna / Auto	K / H
💻	Kombi / Computer	Y / N	📻	Rahmen / Radio	R / M
🔦	Taschenlampe / Tasche	T / Ä	🍼	Puppenwagen / Pumpe	S / Y
🧍	Pappe / Puppe	IE / O	📺	Fenster / Fernsehapparat	V / W
📖	Bauch / Buch	ST / U	🛴	Ruder / Roller	E / G
🛷	Schnitte / Schlitten	CH / I	🧸	Teekanne / Teddybär	Z / L
💿	CD / Zebra	D / V	⛸	Schlittschuhe / Schlitten	P / E

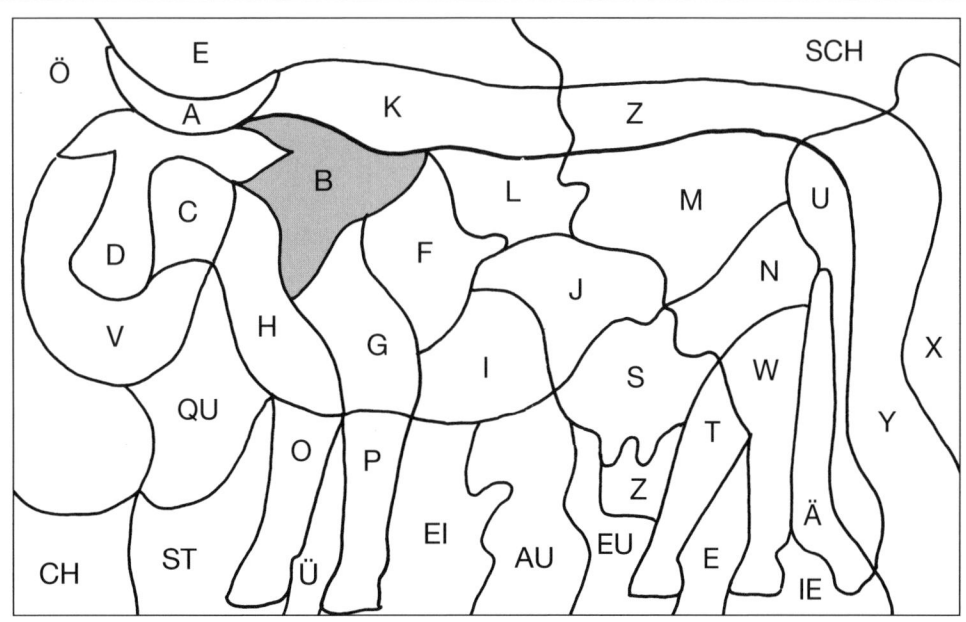

AUSMALEN

19 Geschenke – Lösungen

Einzelwörter (Nomen)

Dill
Erbse
Fisch

	Wort	Buchst.		Wort	Buchst.
Fahrrad-Bild	Verrat	Z	Ski-Bild	**Schier**	**A**
	Fahrrad	**B**		Schnee	QU
Ball-Bild	**Ball**	**F**	Pullover-Bild	**Pullover**	**C**
	Knall	R		Puder	E
Uhr-Bild	**Uhr**	**J**	Auto-Bild	Anna	K
	Uhu	X		**Auto**	**H**
Computer-Bild	Kombi	Y	Radio-Bild	Rahmen	R
	Computer	**N**		**Radio**	**M**
Taschenlampe-Bild	**Taschenlampe**	**T**	Puppenwagen-Bild	**Puppenwagen**	**S**
	Tasche	Ä		Pumpe	Y
Puppe-Bild	Pappe	IE	Fernseher-Bild	Fenster	V
	Puppe	**O**		**Fernsehapparat**	**W**
Buch-Bild	Bauch	ST	Roller-Bild	Ruder	E
	Buch	**U**		**Roller**	**G**
Schlitten-Bild	Schnitte	CH	Teddy-Bild	Teekanne	Z
	Schlitten	**I**		**Teddybär**	**L**
CD-Bild	**CD**	**D**	Schlittschuhe-Bild	**Schlittschuhe**	**P**
	Zebra	V		Schlitten	E

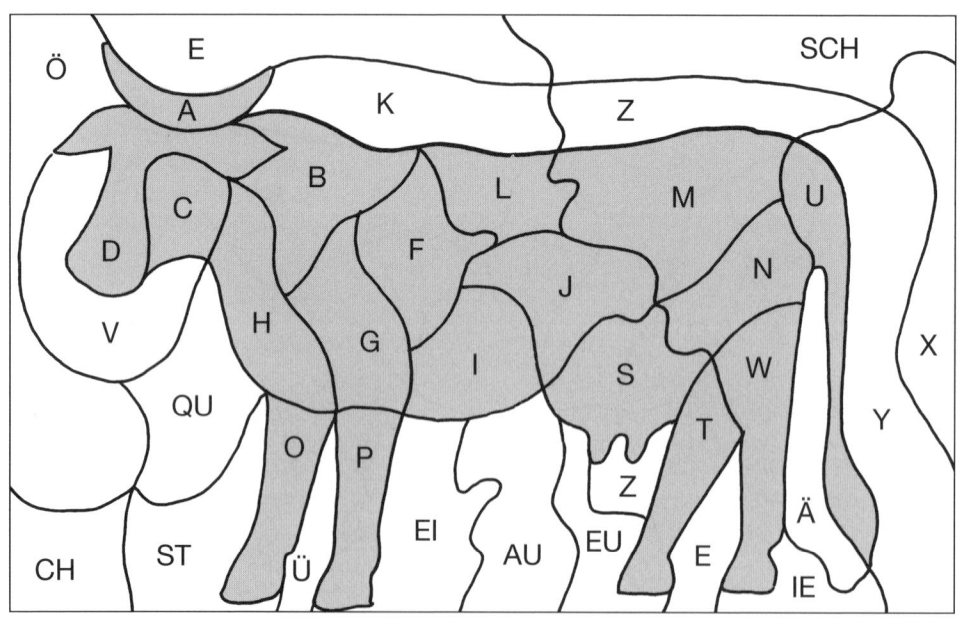

So geht's:
- Bei jedem Bild in der Tabelle entscheiden, welches Wort richtig ist.
- Das richtige Wort und den Buchstaben dahinter unterstreichen.
- Den unterstrichenen Buchstaben im Bild unten suchen und das zugehörige Feld ausmalen (mit einer Farbe oder Bleistift).
- Einige Felder im Bild bleiben übrig.
- **Selbstkontrolle:** Bild.

20 Kleidung — Einzelwörter (Nomen)

Hemd	Kleid
Hand-schuh	Hosen-träger
Mütze	Hose
Mantel	Rock
T-Shirt	Schuh
Schal	Strumpf
Gürtel	Stiefel
Hut	Jacke

DOMINO

20 Kleidung – Lösungen — Einzelwörter (Nomen)

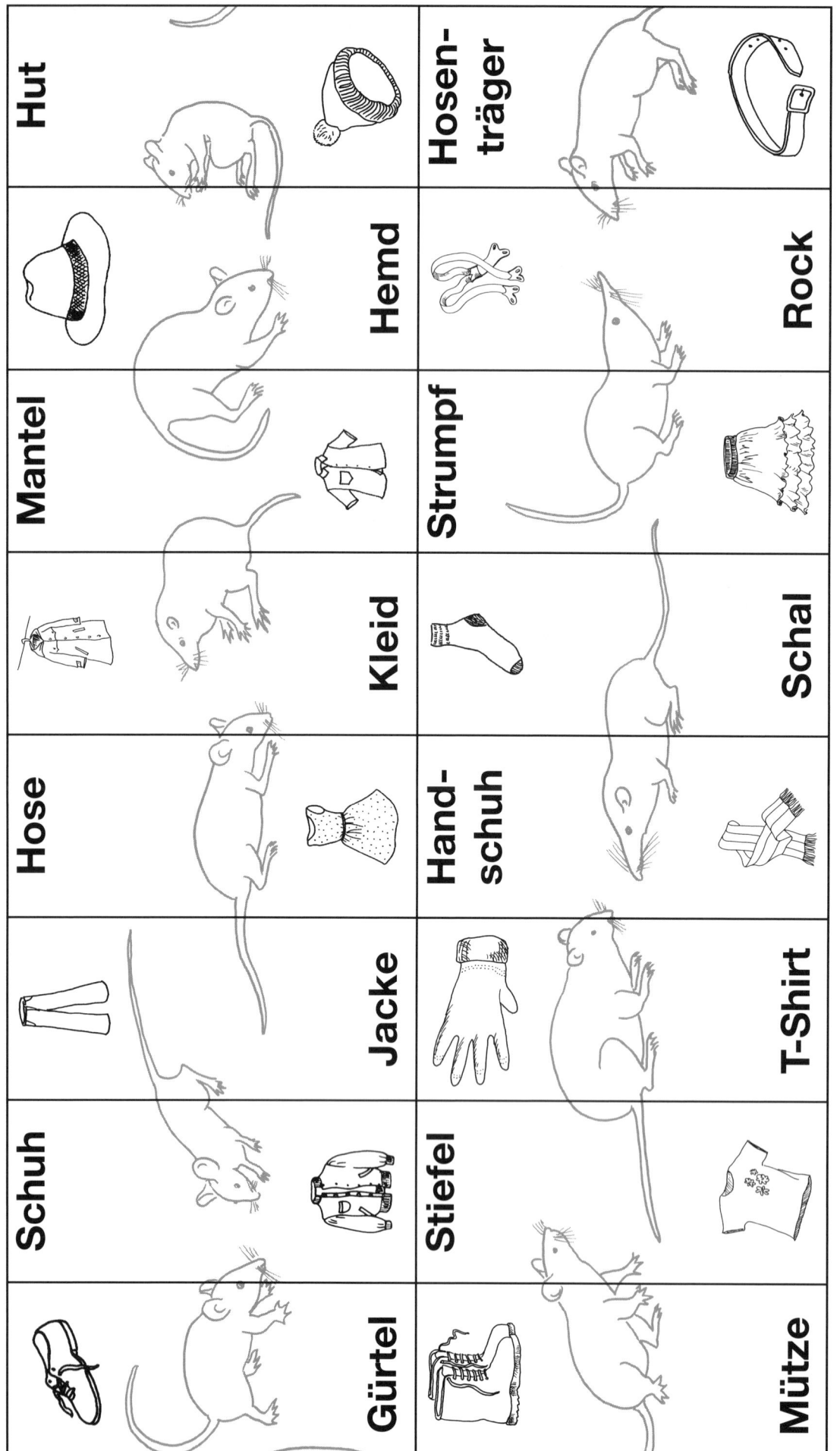

| Hut | Mantel | Hose | Schuh | Gürtel | Mütze | Stiefel | T-Shirt | Handschuh | Schal | Strumpf | Rock | Hosenträger |

Row 1: Hut – Mantel – Hose – Schuh – Gürtel
Row 2: Hut – Mantel – Hemd – Kleid – Jacke – Schuh
Row 3: Hosenträger – Hemd – Strumpf – Schal – Handschuh – T-Shirt – Stiefel – Mütze

So geht's:
- Dominokärtchen ausschneiden.
- Beliebiges Kärtchen auswählen und überlegen, welches Wort zum Bild gehört.
- Das Dominokärtchen mit dem passenden Wort rechts anlegen und für das neue Bild wieder das richtige Wort überlegen usw.
- **Selbstkontrolle:** Lösungsbilder in der Mitte.
- **Tipp:** Zum Schluss Dominokärtchen aufkleben und ausmalen.

Krampe/Mittelmann: Lesestart 1
© Brigg Pädagogik Verlag GmbH, Augsburg

21 Feste — Einzelwörter (Nomen)

	Wort	Buchstabe		Wort	Buchstabe
	Niete	E		Geschenk	T
	Nikolaus	**K**		Gespenst	D
	Weihnachtsbaum	**B**		Ofen	Y
	Weihnachtsmann	C		Osterei	S
	Blumenstrauß	G		Osterhase	R
	Besen	D		Onkel	A
	Sofa	A		Nagel	X
	Sack	H		Nest	Z
	Schultasche	L		Gewicht	W
	Schultüte	I		Geburtstagstorte	V
	Stern	J		Rakete	P
	Stall	F		Rennwagen	U
	Katze	M		Maske	N
	Kerze	O		Maus	T

BILD AUS PUNKTEN

21 Feste – Lösungen

Einzelwörter (Nomen)

	Wort	Buchstabe		Wort	Buchstabe
	Niete	E		**Geschenk**	**T**
	Nikolaus	**K**		Gespenst	D
	Weihnachtsbaum	**B**		Ofen	Y
	Weihnachtsmann	C		**Osterei**	**S**
	Blumenstrauß	**G**		**Osterhase**	**R**
	Besen	D		Onkel	A
	Sofa	A		Nagel	X
	Sack	**H**		**Nest**	**Z**
	Schultasche	L		Gewicht	W
	Schultüte	**I**		**Geburtstagstorte**	**V**
	Stern	**J**		**Rakete**	**P**
	Stall	F		Rennwagen	U
	Katze	M		**Maske**	**N**
	Kerze	**O**		Maus	T

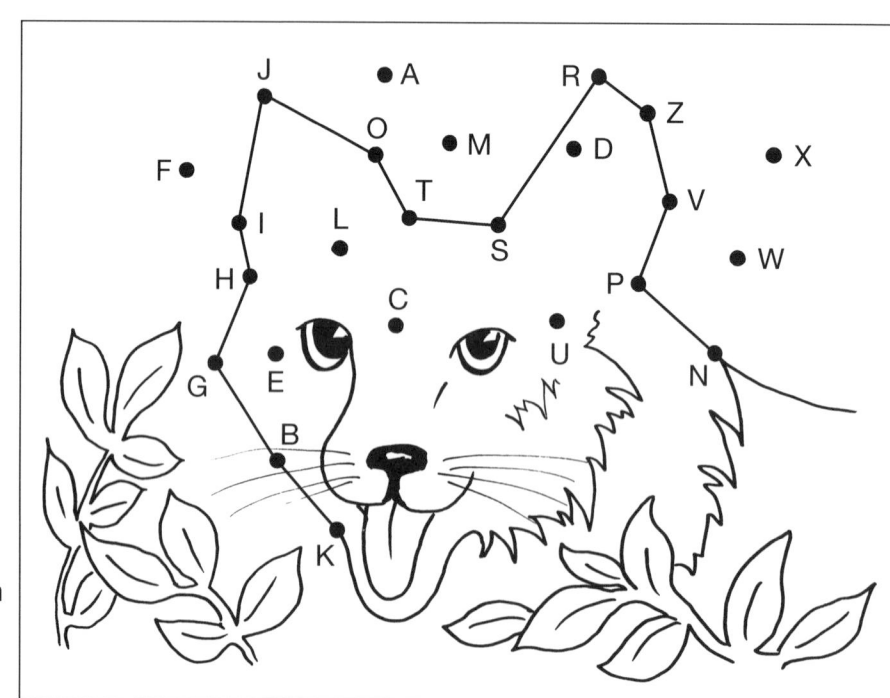

So geht's:
- Zu jedem Bild in der Tabelle das richtige Wort aussuchen.
- Das Wort und den Buchstaben dahinter unterstreichen.
- Die Punkte bei den unterstrichenen Buchstaben im Bild unten der Reihe nach miteinander verbinden (Lineal).
- Einige Bildpunkte bleiben übrig.
- **Selbstkontrolle:** Bild.
- **Tipp:** Zum Schluss das Bild ausmalen.

22 | Küchengeräte — Einzelwörter (Nomen)

Puzzleteile

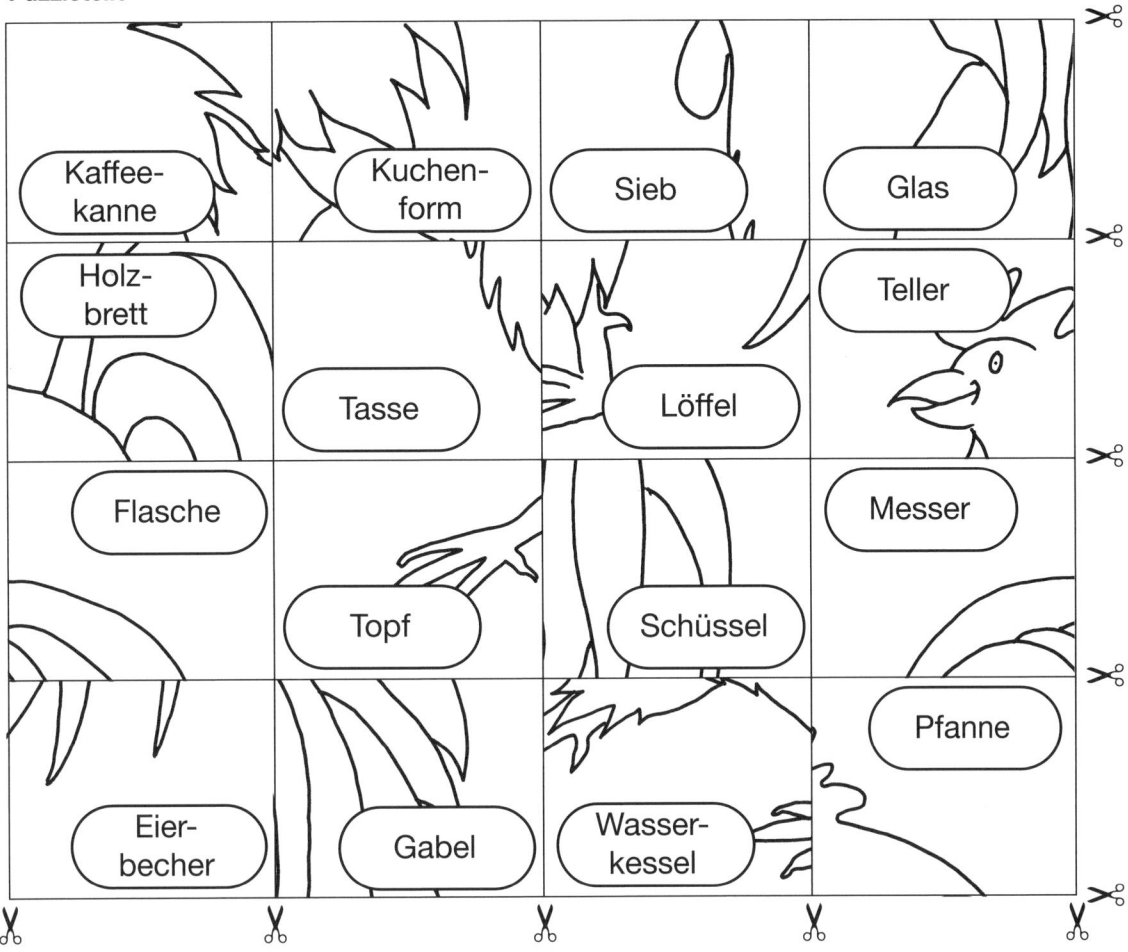

Kaffee-kanne	Kuchen-form	Sieb	Glas
Holz-brett	Tasse	Löffel	Teller
Flasche	Topf	Schüssel	Messer
Eier-becher	Gabel	Wasser-kessel	Pfanne

Spielplan

22 | Küchengeräte – Lösungen

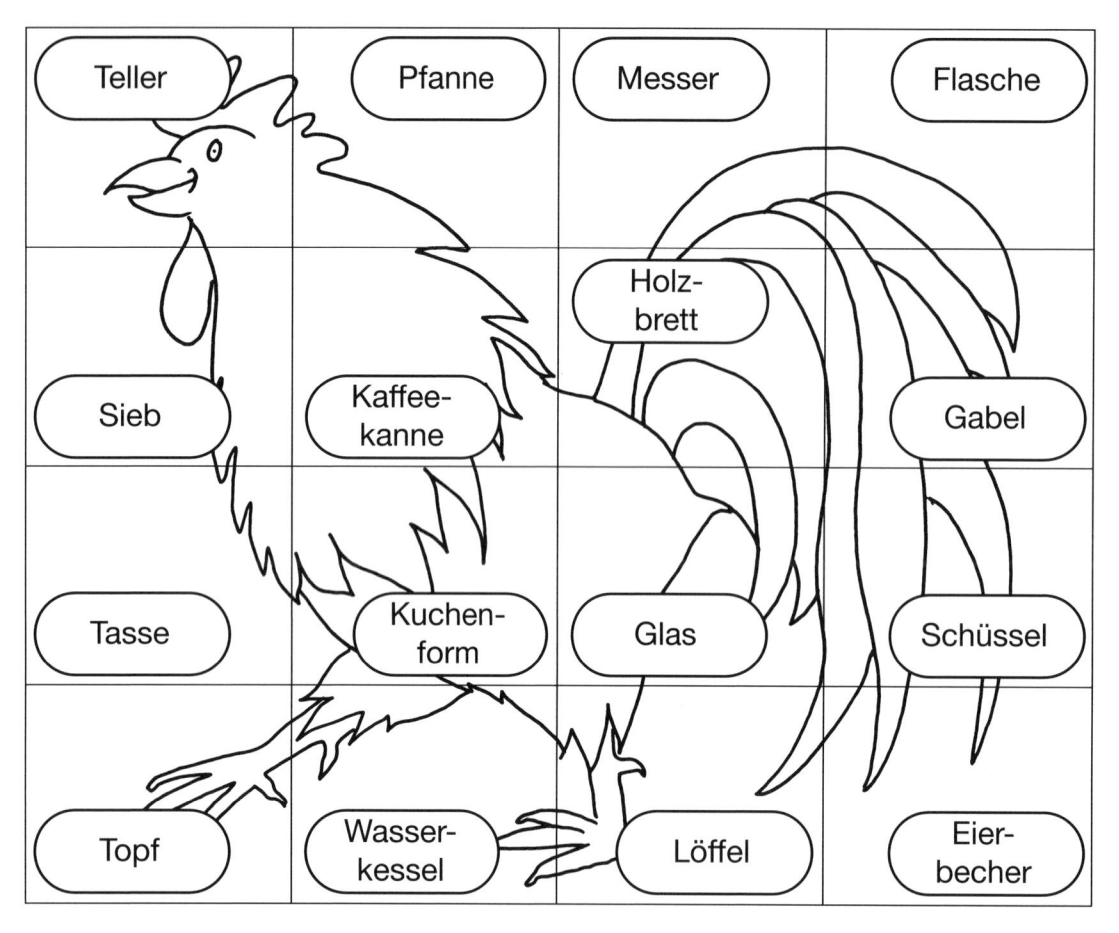

Einzelwörter (Nomen)

Teller	Pfanne	Messer	Flasche
Sieb	Kaffee-kanne	Holz-brett	Gabel
Tasse	Kuchen-form	Glas	Schüssel
Topf	Wasser-kessel	Löffel	Eier-becher

So geht's:
- Puzzleteile ausschneiden.
- Jedem Bild im Spielplan das richtige Wort zuordnen.
- Das passende Puzzleteil im Spielplan auflegen.
- **Selbstkontrolle:** Bild.
- **Tipp:** Zum Schluss Puzzleteile aufkleben und ausmalen.

23 Zeit — Einzelwörter (Nomen)

	Wort			Wort	
	Weintraube	Z		Haus	ST
	Weihnachten	**B**		Herbst	U
	Ostern	F		Motor	CH
	Osten	R		Morgen	I
	Neujahr	J		Mittag	D
	Neubau	X		Mitternacht	V
	Kamera	Y		Nachmittag	A
	Karneval	N		Nagel	QU
	Nikolaus	T		Abend	C
	Nilpferd	Ä		Auto	E
	Winkel	IE		Tür	K
	Winter	O		Tag	H
	Frühstück	W		Nacht	G
	Frühling	L		Nachtisch	S
	Sommer	P		Gebäude	AU
	Sonnenuhr	EI		Geburtstag	M

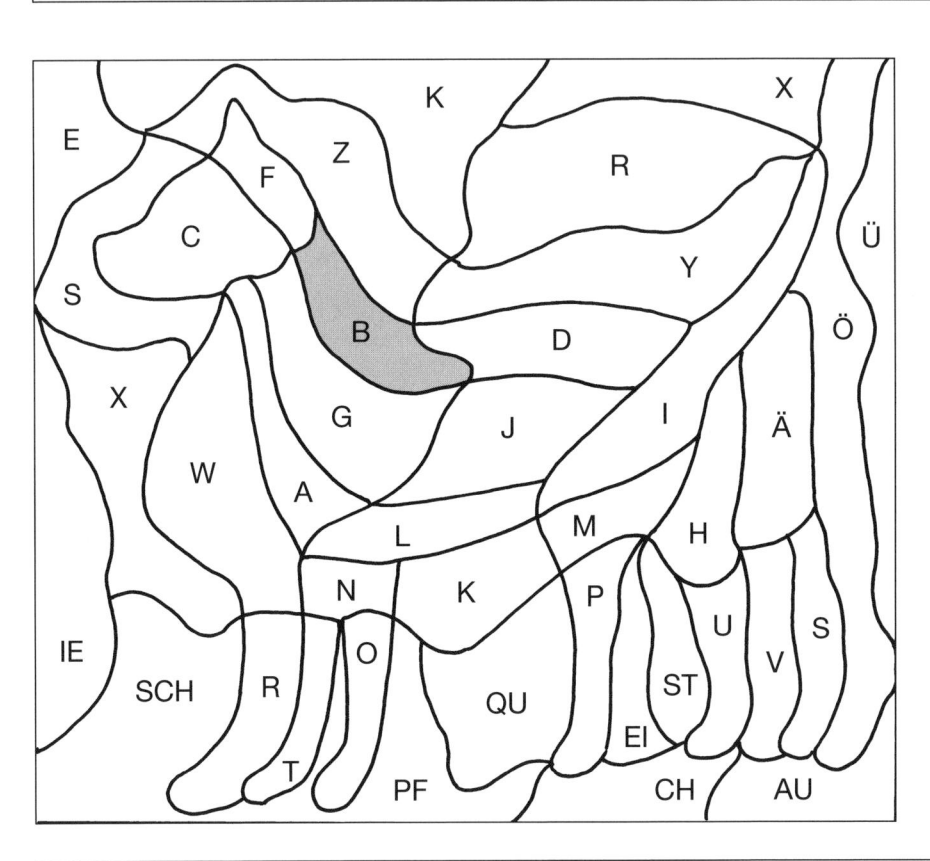

Krampe/Mittelmann: Lesestart 1
© Brigg Pädagogik Verlag GmbH, Augsburg

AUSMALEN

23 Zeit – Lösungen

Einzelwörter (Nomen)

	Wort	Buchst.		Wort	Buchst.
	Weintraube	Z		Haus	ST
	Weihnachten	**B**		**Herbst**	**U**
	Ostern	**F**		Motor	CH
	Osten	R		**Morgen**	**I**
	Neujahr	**J**		**Mittag**	**D**
	Neubau	X		Mitternacht	V
	Kamera	Y		**Nachmittag**	**A**
	Karneval	**N**		Nagel	QU
	Nikolaus	**T**		**Abend**	**C**
	Nilpferd	Ä		Auto	E
	Winkel	IE		Tür	K
	Winter	**O**		**Tag**	**H**
	Frühstück	W		**Nacht**	**G**
	Frühling	**L**		Nachtisch	S
	Sommer	**P**		Gebäude	AU
	Sonnenuhr	EI		**Geburtstag**	**M**

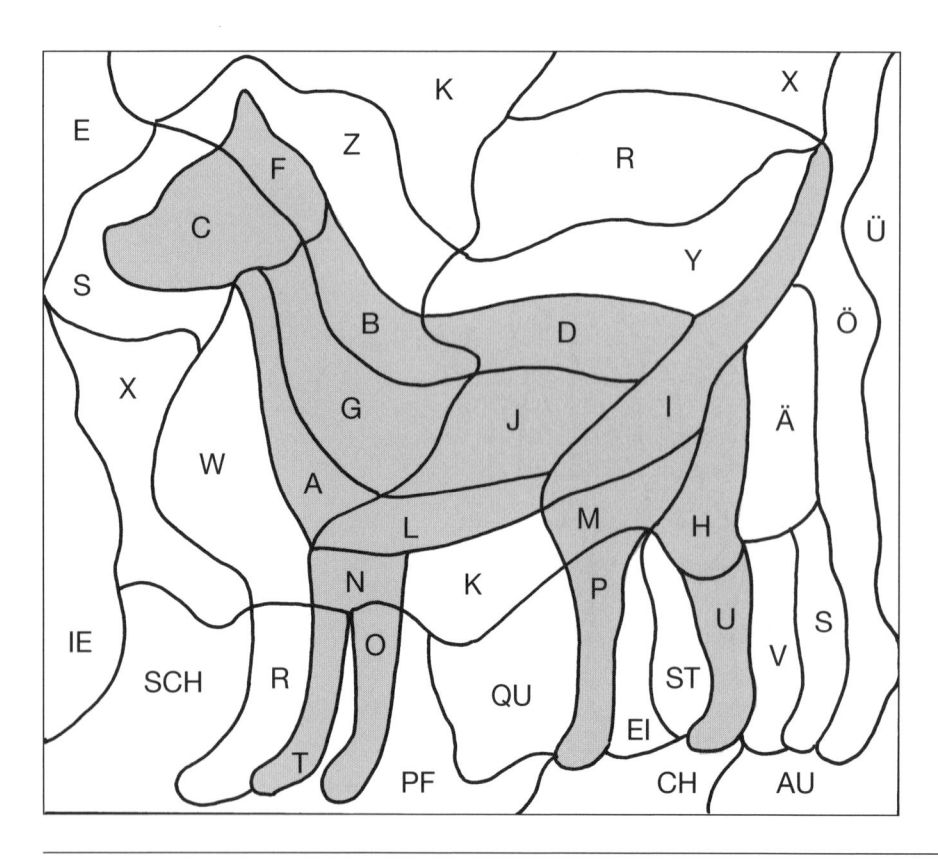

So geht's:
- Bei jedem Bild in der Tabelle entscheiden, welches Wort am besten passt.
- Das richtige Wort und den Buchstaben dahinter unterstreichen.
- Den unterstrichenen Buchstaben im Bild unten suchen und das zugehörige Feld ausmalen (mit einer Farbe oder Bleistift).
- Einige Felder im Bild bleiben übrig.
- **Selbstkontrolle:** Bild.

24 Tiere

Einzelwörter (Nomen)

Dill
Erbse
Fisch

Puzzleteile

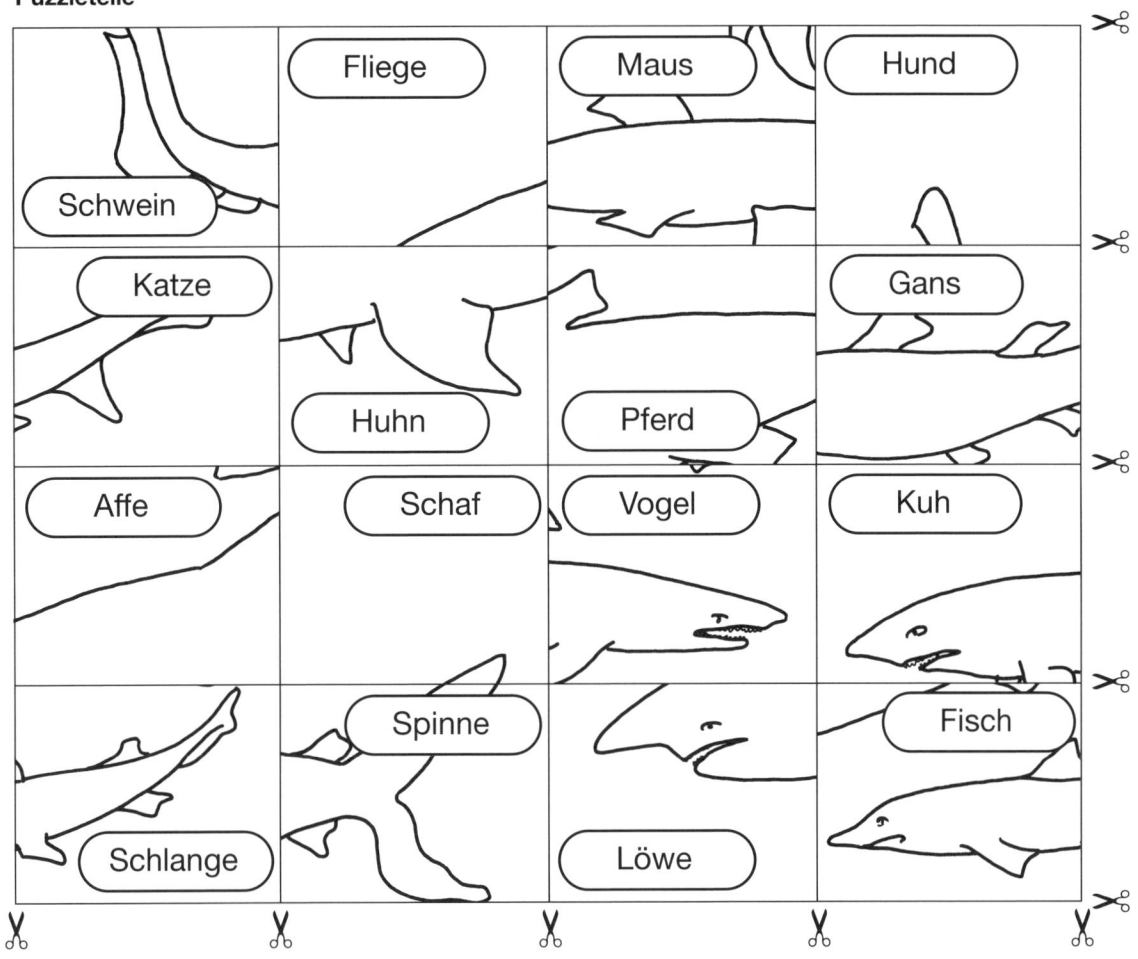

Schwein	Fliege	Maus	Hund
Katze	Huhn	Pferd	Gans
Affe	Schaf	Vogel	Kuh
Schlange	Spinne	Löwe	Fisch

Spielplan

Krampe/Mittelmann: Lesestart 1
© Brigg Pädagogik Verlag GmbH, Augsburg

PUZZLE

51

24 Tiere – Lösungen

Einzelwörter (Nomen)

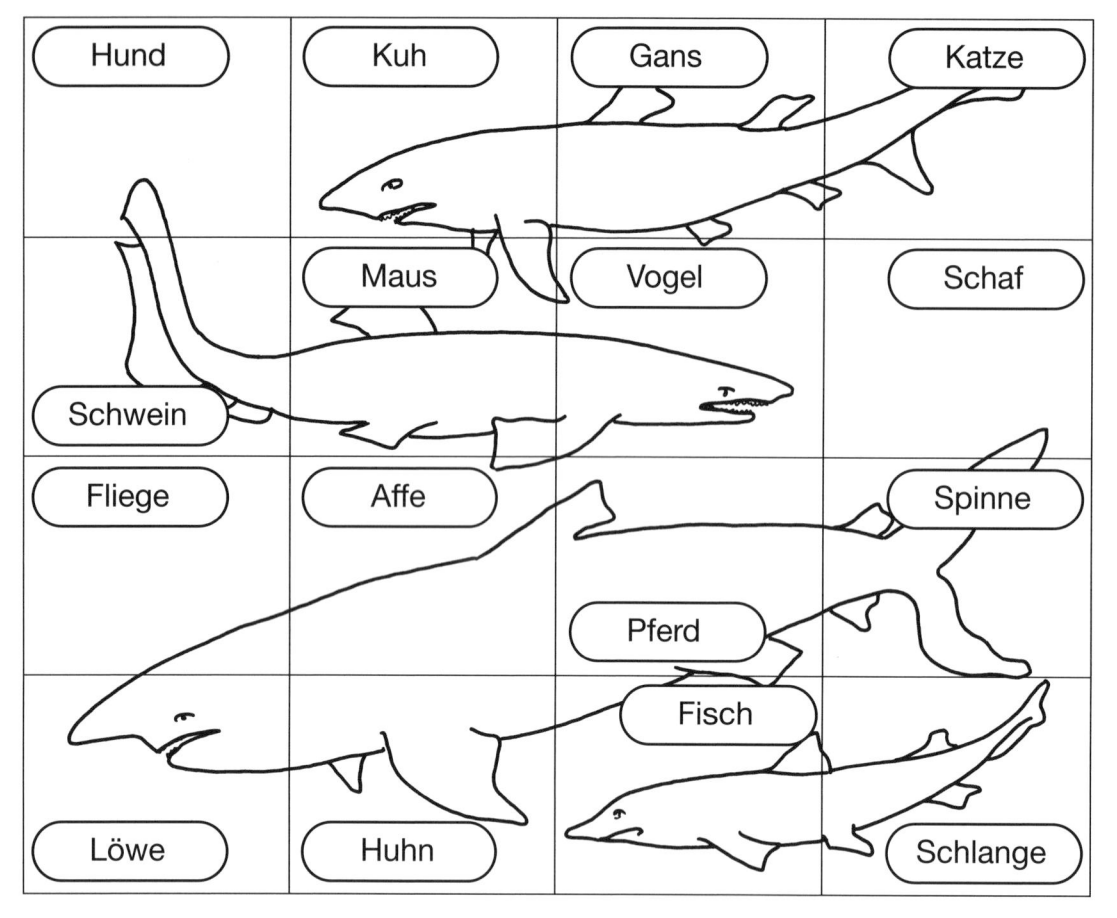

Hund	Kuh	Gans	Katze
Schwein	Maus	Vogel	Schaf
Fliege	Affe	Pferd	Spinne
Löwe	Huhn	Fisch	Schlange

So geht's:
- Puzzleteile ausschneiden.
- Jedem Bild im Spielplan das richtige Wort zuordnen.
- Das passende Puzzleteil im Spielplan auflegen.
- **Selbstkontrolle:** Bild.
- **Tipp:** Zum Schluss Puzzleteile aufkleben und ausmalen.

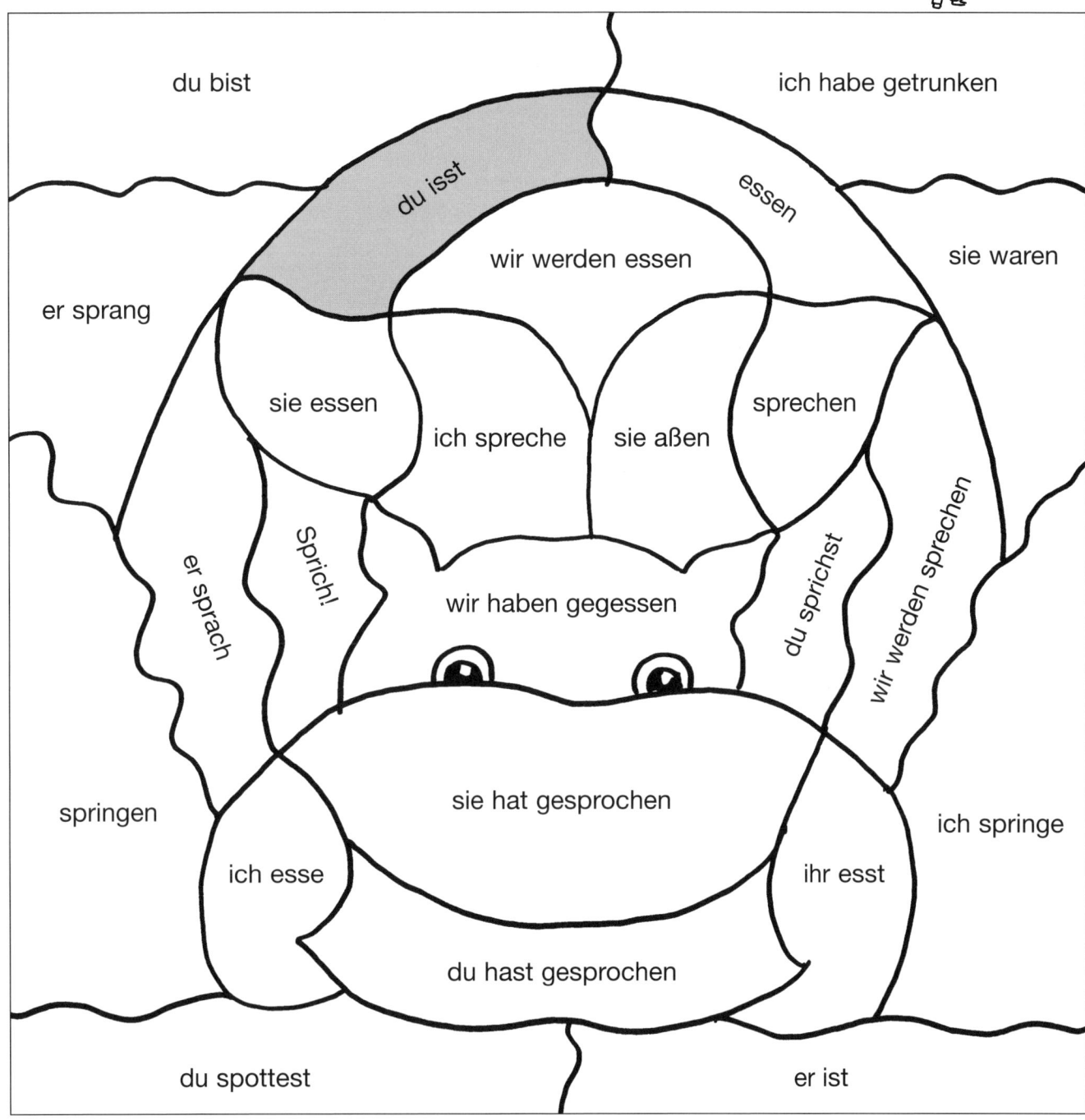

25 | Sprechen und Essen

Einzelwörter (Verben)

du bist — ich habe getrunken — du isst — essen — sie waren — er sprang — wir werden essen — sie essen — ich spreche — sie aßen — sprechen — er sprach — Sprich! — wir haben gegessen — du sprichst — wir werden sprechen — springen — sie hat gesprochen — ich springe — ich esse — ihr esst — du hast gesprochen — du spottest — er ist

AUSMALEN

25 | Sprechen und Essen – Lösungen Einzelwörter (Verben)

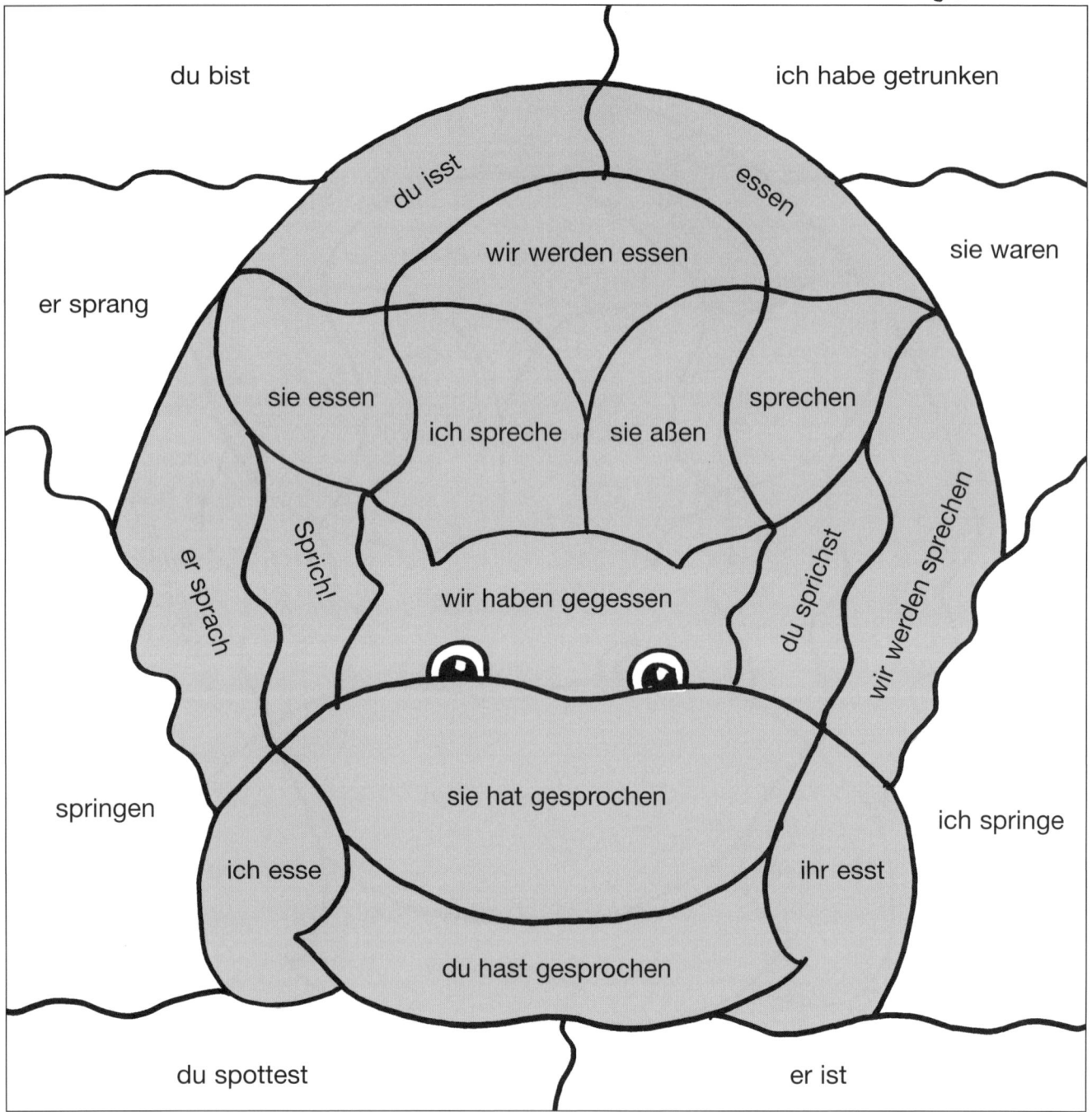

Dill Erbse Fisch

Wörter im Bild:

- du bist
- ich habe getrunken
- du isst
- essen
- er sprang
- sie waren
- wir werden essen
- sie essen
- sprechen
- ich spreche
- sie aßen
- er sprach
- Sprich!
- du sprichst
- wir werden sprechen
- wir haben gegessen
- springen
- ich springe
- sie hat gesprochen
- ich esse
- ihr esst
- du hast gesprochen
- du spottest
- er ist

So geht's:
- Die Wörter in den Feldern genau lesen.
- Alle Felder ausmalen (eine Farbe oder Bleistift), in denen Wörter stehen, die zu den Wortfeldern „sprechen" oder „essen" gehören.
- Einige Felder im Bild bleiben übrig.
- **Selbstkontrolle:** Bild.

26 Sport und Spiele — Einzelwörter (Verben)

Dill Erbse Fisch

wir werden angeln	hüpfen
du rutschst	klettern
er ist geritten	rudern
ich tanze	rodeln
tanzen	ihr rudert
fangen	sie liefen
sie turnten	boxen

er schwamm	laufen
ich habe gefangen	werfen
turnen	wir rodeln
rutschen	wir warfen
angeln	sie kletterte
schwimmen	er boxt
reiten	sie hüpfte

26 Sport und Spiele – Lösungen

Einzelwörter (Verben)

schwimmen	er schwamm	fangen	ich habe gefangen	rutschen	du rutschst	angeln
er boxt	laufen	reiten	werfen	wir warfen	klettern	sie kletterte
wir werden angeln	sie hüpfte	sie liefen	er ist geritten	tanzen	ich tanze	turnen	sie turnten
hüpfen	rudern	ihr rudert	rodeln	wir rodeln	boxen

So geht's:
- Dominokärtchen ausschneiden.
- Beliebiges Kärtchen auswählen und überlegen, welche flektierte Verb-Form zur Grundform gehört.
- Das Dominokärtchen mit der passenden flektierten Form rechts anlegen und für die neue Grundform wieder die richtige flektierte Form überlegen usw.

- **Selbstkontrolle:** Lösungsbilder in der Mitte.
- **Tipp:** Zum Schluss Dominokärtchen aufkleben und ausmalen.

27 | Wortfeld „gehen"

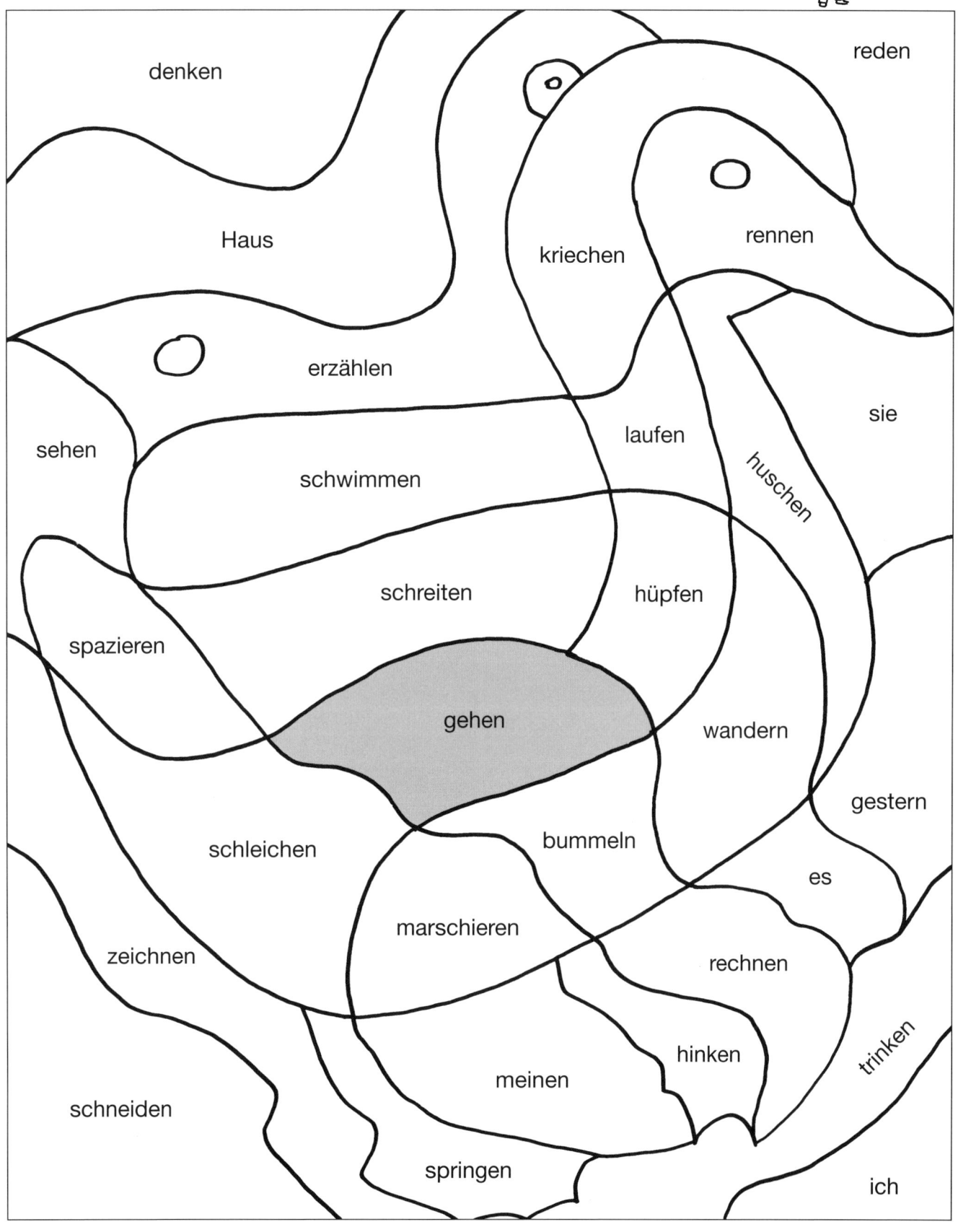

Einzelwörter (Verben)

denken
Haus
reden
kriechen
rennen
erzählen
sehen
laufen
sie
schwimmen
huschen
schreiten
hüpfen
spazieren
gehen
wandern
gestern
schleichen
bummeln
es
zeichnen
marschieren
rechnen
hinken
trinken
schneiden
meinen
springen
ich

AUSMALEN

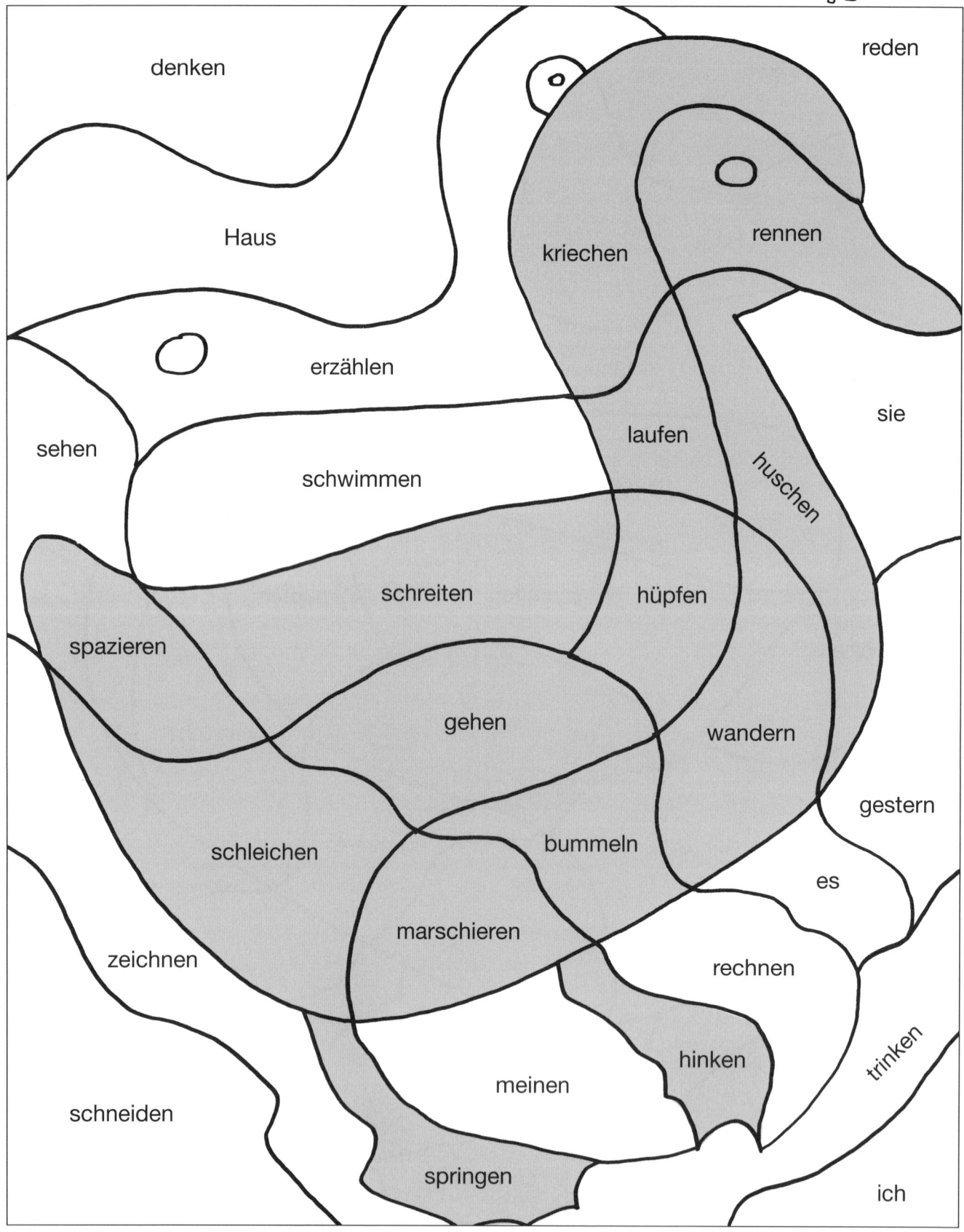

27 Wortfeld „gehen" – Lösungen
Einzelwörter (Verben)

denken
Haus
reden
kriechen
rennen
erzählen
sehen
laufen
sie
schwimmen
huschen
schreiten
hüpfen
spazieren
gehen
wandern
gestern
schleichen
bummeln
es
zeichnen
marschieren
rechnen
hinken
trinken
meinen
schneiden
springen
ich

So geht's:
- Die Wörter in den Feldern genau lesen.
- Alle Felder ausmalen (eine Farbe oder Bleistift), in denen Wörter stehen, die zu dem Wortfeld „gehen" gehören.
- Einige Felder im Bild bleiben übrig.
- **Selbstkontrolle:** Bild.

28 Feiern

Einzelwörter (Verben)

Puzzleteile

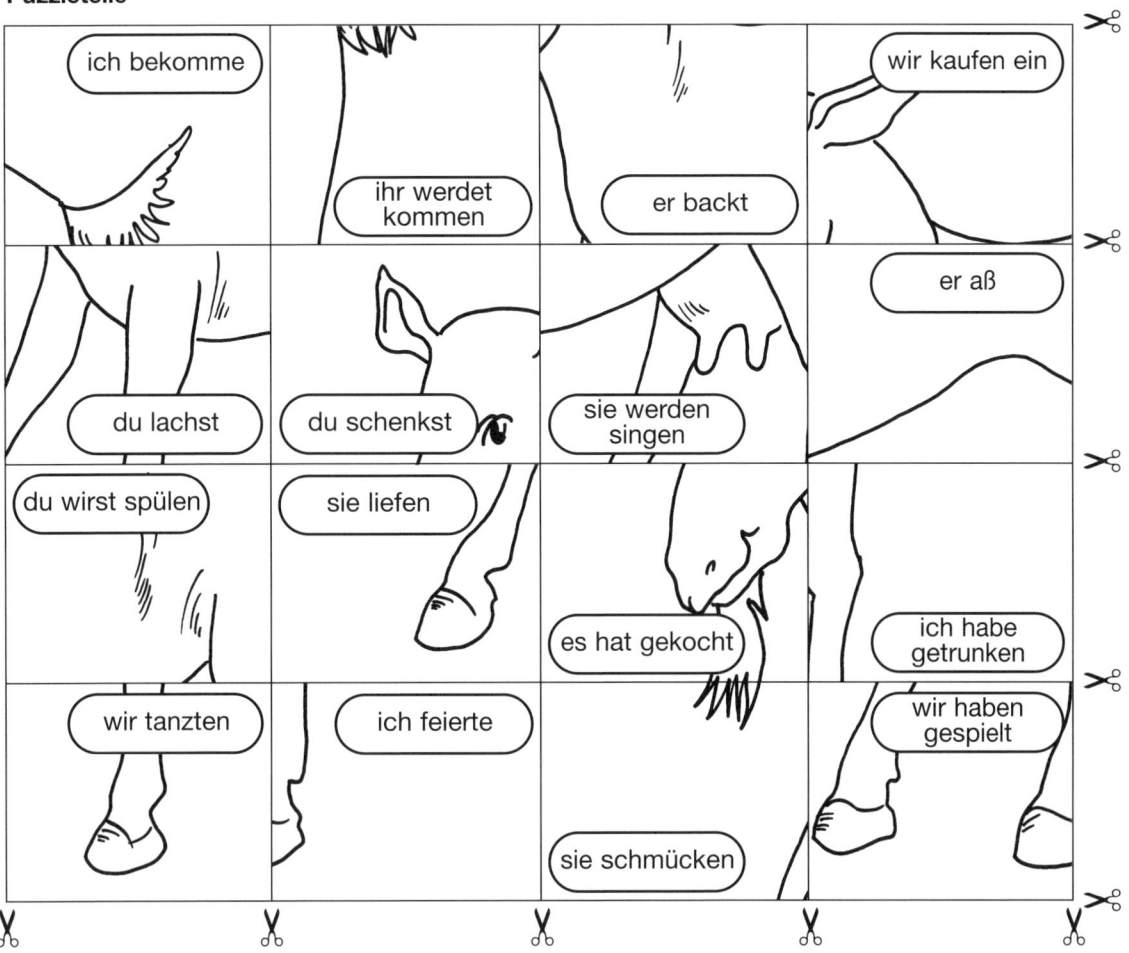

ich bekomme	ihr werdet kommen	er backt	wir kaufen ein
du lachst	du schenkst	sie werden singen	er aß
du wirst spülen	sie liefen	es hat gekocht	ich habe getrunken
wir tanzten	ich feierte	sie schmücken	wir haben gespielt

Spielplan

schenken	einkaufen	essen	bekommen
kochen	backen	spülen	kommen
schmücken	lachen	singen	trinken
laufen	tanzen	spielen	feiern

Krampe/Mittelmann: Lesestart 1
© Brigg Pädagogik Verlag GmbH, Augsburg

28 Feiern – Lösungen — Einzelwörter (Verben)

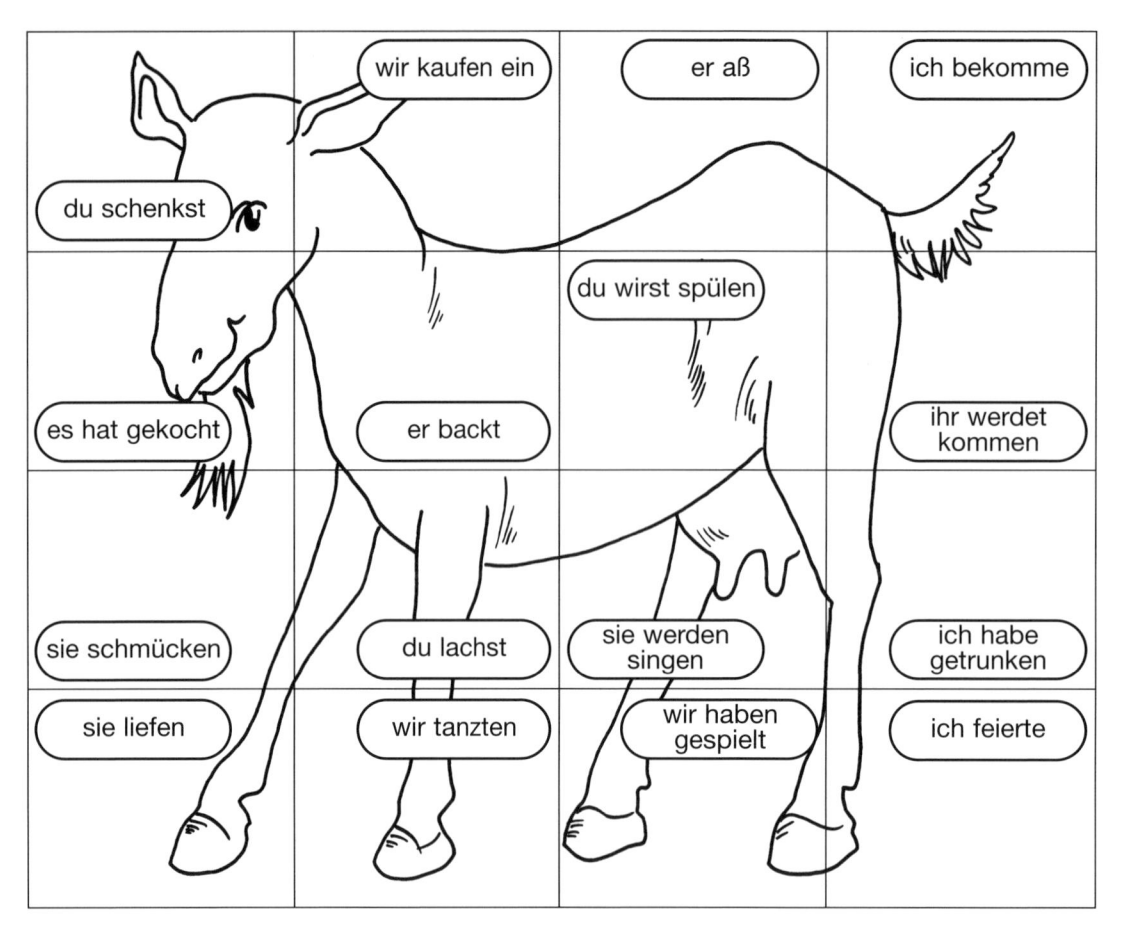

	wir kaufen ein	er aß	ich bekomme
du schenkst		du wirst spülen	
es hat gekocht	er backt		ihr werdet kommen
sie schmücken	du lachst	sie werden singen	ich habe getrunken
sie liefen	wir tanzten	wir haben gespielt	ich feierte

So geht's:
- Puzzleteile ausschneiden.
- Jedem Wort (Grundform) im Spielplan die richtige Personalform zuordnen.
- Das passende Puzzleteil im Spielplan auflegen.
- **Selbstkontrolle:** Bild.
- **Tipp:** Zum Schluss Puzzleteile aufkleben und ausmalen.

29 Farben — Einzelwörter (Adjektive)

Dill Erbse Fisch

Start – rot – gelb – 🌱 – 🌊 – ☁️ – noch einmal würfeln – 🍊 – weiß – grau – blau – einmal aussetzen – 🌸 – lila – orange – einmal aussetzen – 🏠❄️ – rot – 🍋 – grün – 🍒 – gelb – 🍃 – Ziel

🍅 – blau – grün – 🍌
🍋 – gelb
noch einmal würfeln
☀️ – 🥒
🔥 – (Pfeffer) – grün – zurück zum Start – rot
🪵 – braun – gelb

WÜRFELSPIEL

29 Farben – Lösungen — Einzelwörter (Adjektive)

- Tomate – rot
- Banane – gelb 
- Gras – grün 
- Pflaume – blau 
- Sonne – gelb 
- Feuer – rot 
- Baumstamm – braun 
- Gurke – grün 
- Sand – gelb 

- Veilchen – lila
- Apfelsine – orange 
- Schnee – weiß 
- Wolken – grau 
- Meer – blau 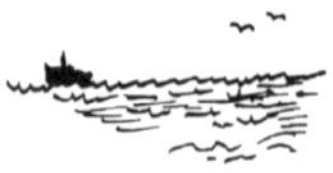
- Zitrone – gelb 
- Blatt – grün 
- Kirsche – rot 

So geht's:
- Je Spieler eine Spielfigur auf das Startfeld setzen.
- Reihum mit einem Würfel würfeln.
- Spielfigur entsprechend der Augenzahl vorwärts setzen.
- Passendes Bild zur Farbe bzw. passende Farbe zum Bild suchen und entsprechend vor- oder zurücksetzen (immer nur bis zum nächsten Zusatzfeld).
- Zusatzfelder (grau unterlegt) regeln besondere Aufträge.
- Gewinner ist, wer zuerst das Ziel erreicht oder überschreitet.
- **Tipp:** Vereinbaren, ob Rauswerfen erlaubt sein soll.

30 | Werkstatt

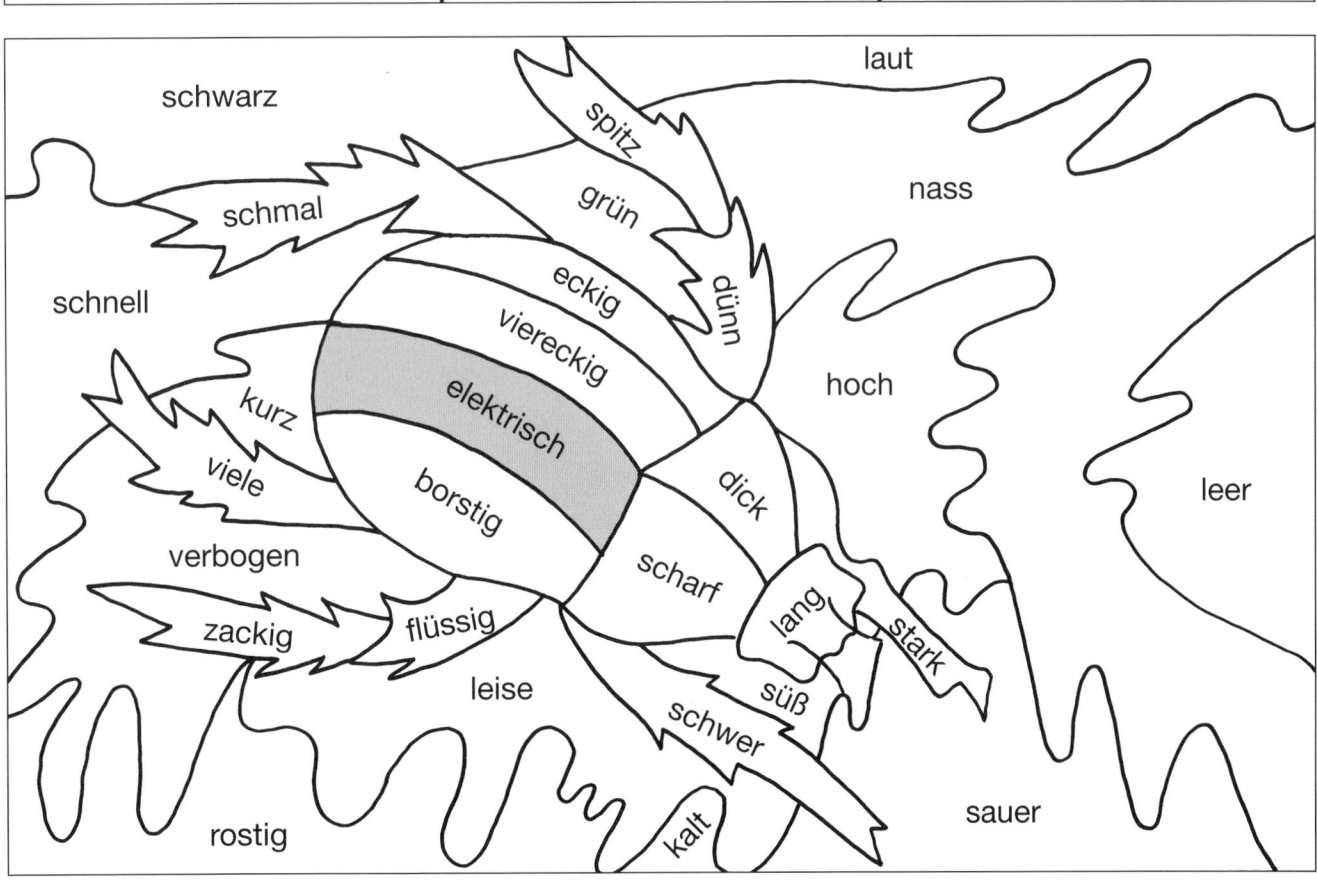

Einzelwörter (Adjektive)

elektrisch / kalt	rostig / viereckig	schwer / leise
sauer / schmal	zackig / süß	lang / kurz
verbogen / dünn	leer / flüssig	schnell / viele
scharf / schwarz	süß / borstig	dick / sauer
laut / eckig	spitz / hoch	nass / stark

AUSMALEN

30 Werkstatt – Lösungen   Einzelwörter (Adjektive)

	elektrisch		rostig		**schwer**
	kalt		**viereckig**		leise
	sauer		**zackig**		**lang**
	schmal		süß		kurz
	verbogen		leer		schnell
	dünn		**flüssig**		**viele**
	scharf		süß		**dick**
	schwarz		**borstig**		sauer
	laut		**spitz**		nass
	eckig		hoch		**stark**

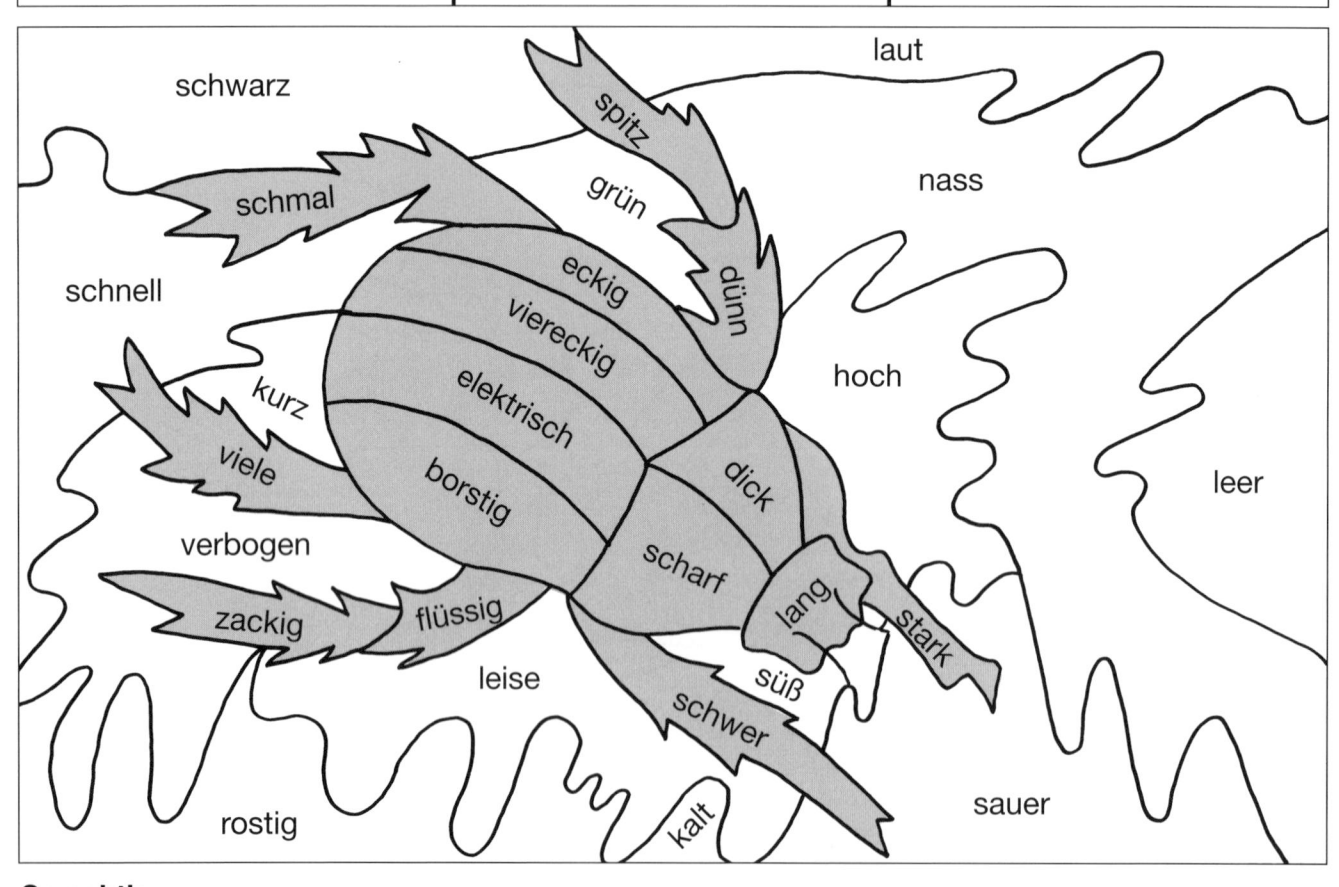

So geht's:
- Bei jedem Bild in der Tabelle entscheiden, welche Eigenschaft am besten zu dem Gegenstand passt.
- Die richtige Eigenschaft unterstreichen.
- Das entsprechende Wort im Bild unten suchen und das zugehörige Feld ausmalen (mit einer Farbe oder Bleistift).
- Einige Felder im Bild bleiben übrig.
- **Selbstkontrolle:** Bild.

31 Essen und Trinken

Einzelwörter (Adjektive)

Dill Erbse Fisch

 🍋	salzig	Z		schattig	ST
	sauer	**B**		scharf	U
	warm	F		hastig	CH
	weich	R		heiß	I
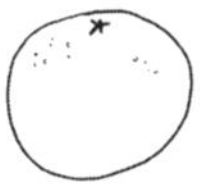 🍊	saftig	J		kalt	D
	sahnig	X		komisch	V
 🍎	knatternd	Y		prickelnd	A
	knackig	N		passend	QU
	süß	T		trüb	C
	süffig	Ä		traurig	E
	feige	IE		krumm	K
	fettig	O		klar	H
	samtig	W		cremig	G
	salzig	L		kantig	S
	herb	P		knuffig	AU
	heilig	EI		knusprig	M

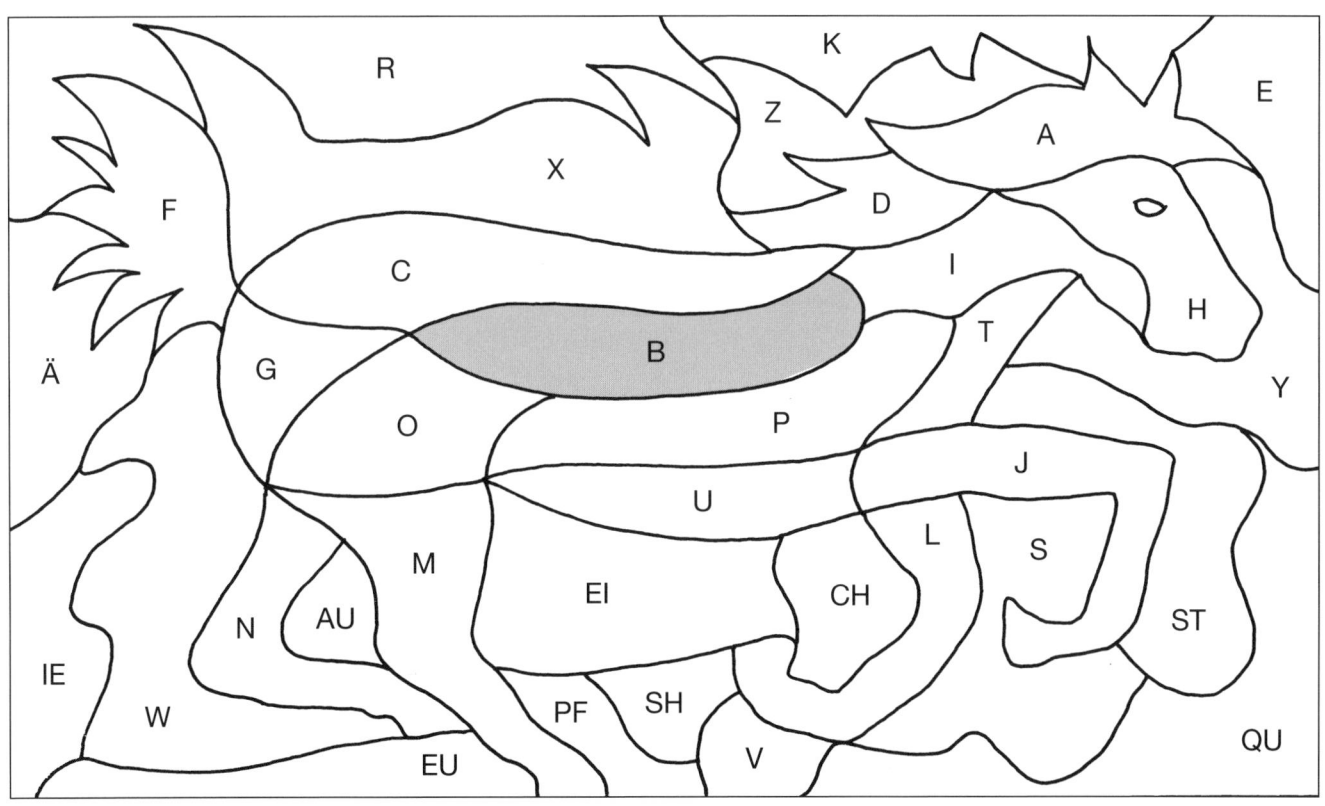

AUSMALEN

31 Essen und Trinken – Lösungen — Einzelwörter (Adjektive)

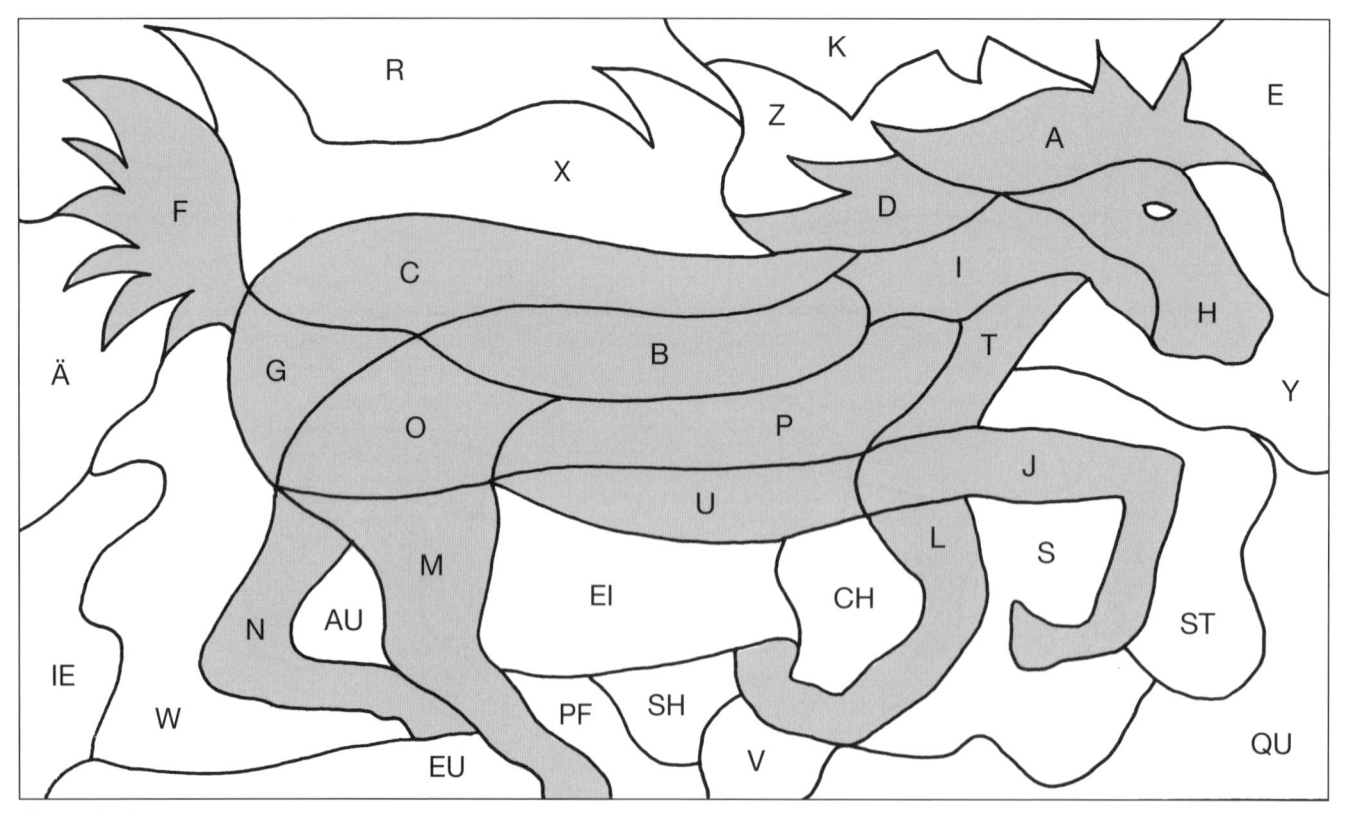

Bild	Wort	Buchst.	Bild	Wort	Buchst.
Zitrone	salzig	Z	Becher	schattig	ST
	sauer	**B**		**scharf**	**U**
Suppe	**warm**	**F**	Tasse	hastig	CH
	weich	R		**heiß**	**I**
Orange	**saftig**	**J**	Eis	**kalt**	**D**
	sahnig	X		komisch	V
Apfel	knatternd	Y	Flasche	**prickelnd**	**A**
	knackig	**N**		passend	QU
Marmelade	**süß**	**T**	Glas	**trüb**	**C**
	süffig	Ä		traurig	E
Butter	feige	IE	Glas	krumm	K
	fettig	**O**		**klar**	**H**
Salzstreuer	samtig	W	Pudding	**cremig**	**G**
	salzig	**L**		kantig	S
Kräuter	**herb**	**P**	Brötchen	knuffig	AU
	heilig	EI		**knusprig**	**M**

So geht's:
- Bei jedem Bild in der Tabelle entscheiden, welche Eigenschaft am besten zu dem Gegenstand passt.
- Die richtige Eigenschaft und den Buchstaben dahinter unterstreichen.
- Den unterstrichenen Buchstaben im Bild unten suchen und das zugehörige Feld ausmalen (mit einer Farbe oder Bleistift).
- Einige Felder im Bild bleiben übrig.
- **Selbstkontrolle:** Bild.

32 Basteln — Einzelwörter (Numerale)

elf	neun
drei	zehn
eins	vier
zwei	zwölf
sechs	vierzehn
zwanzig	acht
fünfzehn	sieben
dreizehn	fünf

DOMINO

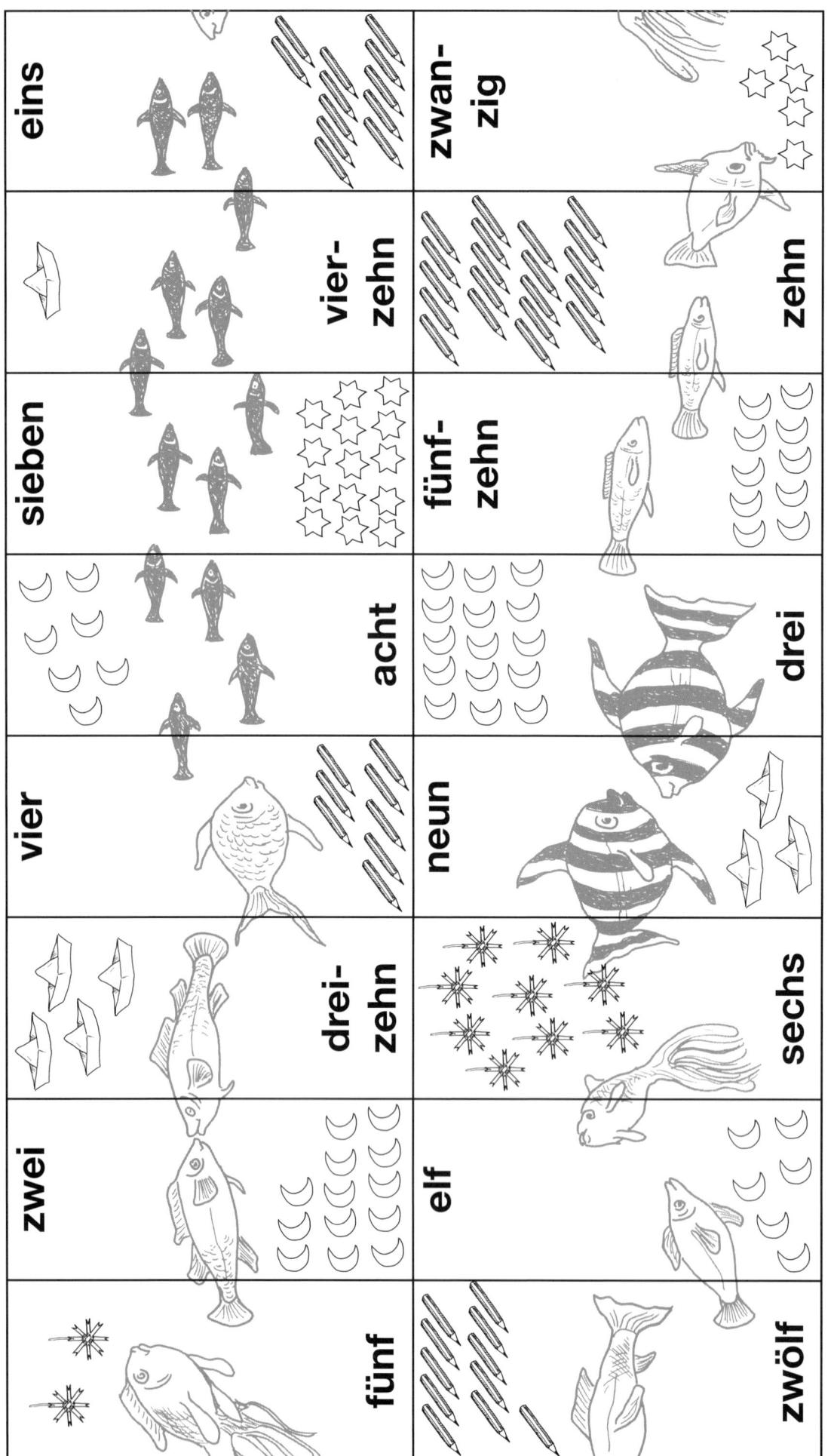

32 | Basteln – Lösungen
Einzelwörter (Numerale)

Dill Erbse Fisch

eins	zwan-zig
vier-zehn	zehn
sieben	fünf-zehn
acht	drei
vier	neun
drei-zehn	sechs
zwei	elf
fünf	zwölf

So geht's:
- Dominokärtchen ausschneiden.
- Beliebiges Kärtchen auswählen und überlegen, welches Zahlwort zum Bild gehört.
- Das Dominokärtchen mit dem passenden Zahlwort rechts anlegen und für das neue Bild wieder das richtige Zahlwort überlegen usw.
- **Selbstkontrolle:** Lösungsbilder in der Mitte.
- **Tipp:** Zum Schluss Dominokärtchen aufkleben und ausmalen.

33 Technik

Mehrere Wörter
(Adjektive und Nomen)

Die Hexe fliegt

Puzzleteile

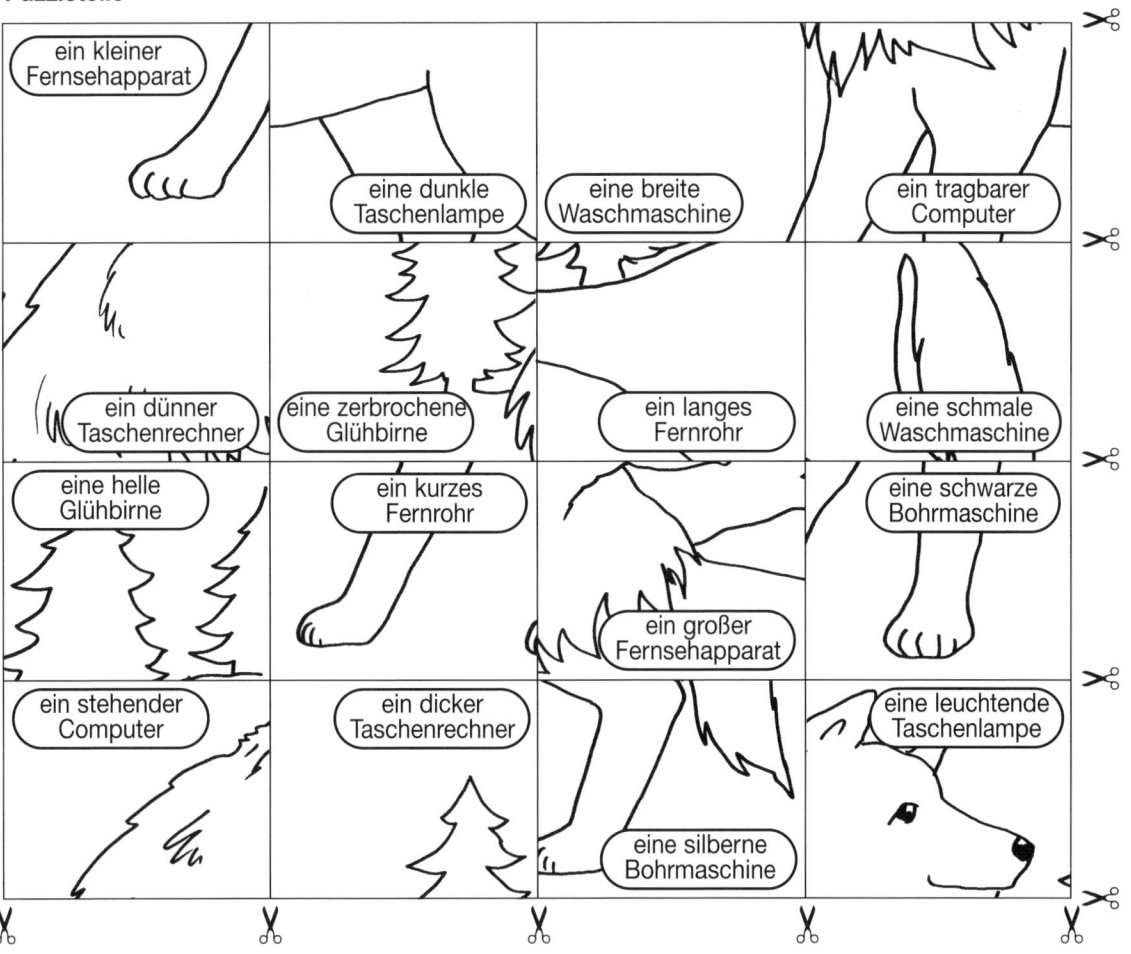

ein kleiner Fernsehapparat	eine dunkle Taschenlampe	eine breite Waschmaschine	ein tragbarer Computer
ein dünner Taschenrechner	eine zerbrochene Glühbirne	ein langes Fernrohr	eine schmale Waschmaschine
eine helle Glühbirne	ein kurzes Fernrohr	ein großer Fernsehapparat	eine schwarze Bohrmaschine
ein stehender Computer	ein dicker Taschenrechner	eine silberne Bohrmaschine	eine leuchtende Taschenlampe

Spielplan

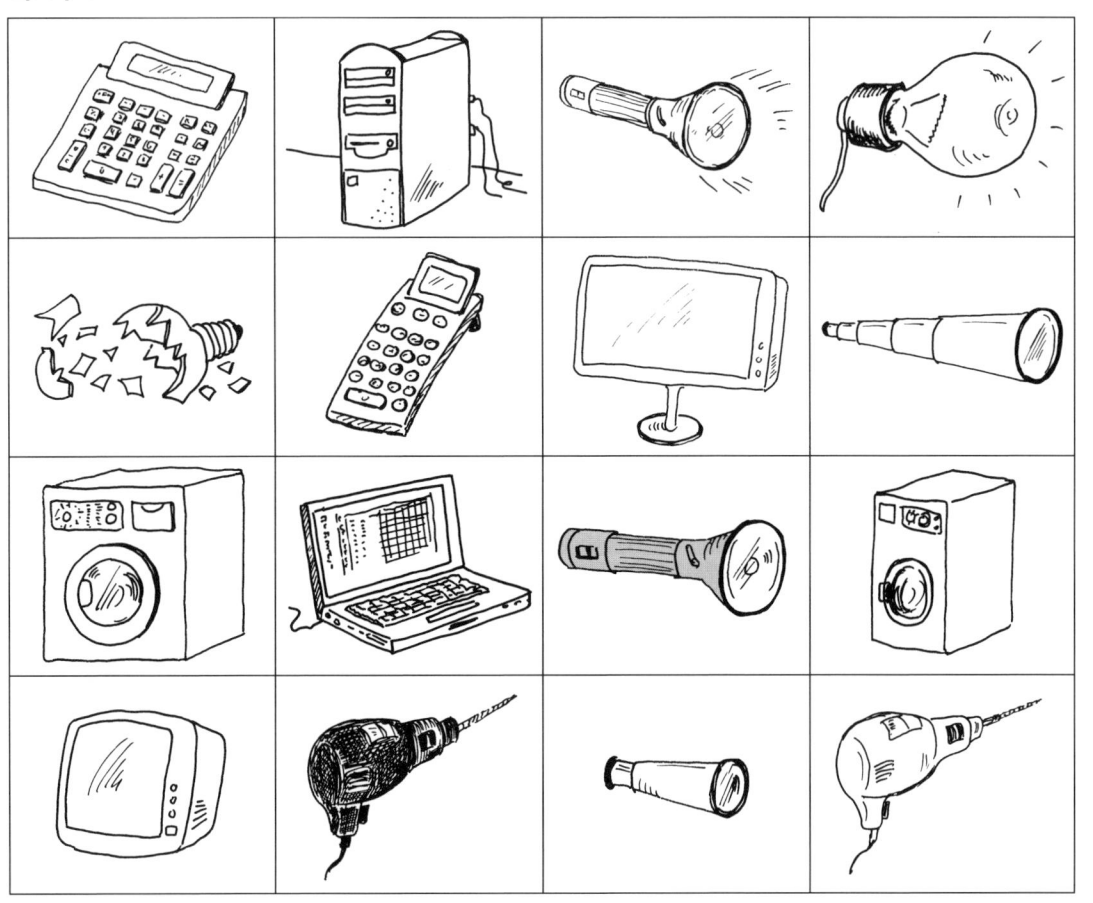

33 Technik – Lösungen

Mehrere Wörter (Adjektive und Nomen)

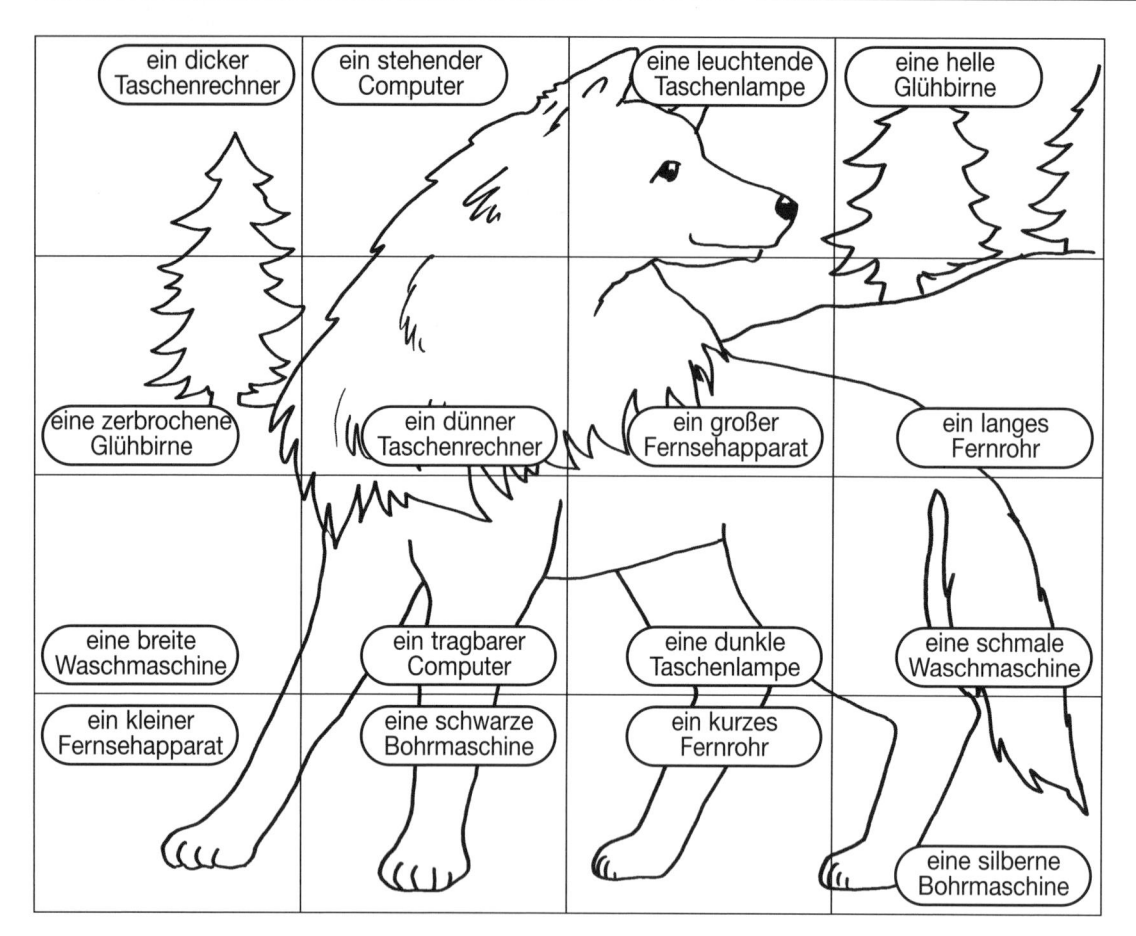

Die Hexe fliegt

ein dicker Taschenrechner	ein stehender Computer	eine leuchtende Taschenlampe	eine helle Glühbirne
eine zerbrochene Glühbirne	ein dünner Taschenrechner	ein großer Fernsehapparat	ein langes Fernrohr
eine breite Waschmaschine	ein tragbarer Computer	eine dunkle Taschenlampe	eine schmale Waschmaschine
ein kleiner Fernsehapparat	eine schwarze Bohrmaschine	ein kurzes Fernrohr	eine silberne Bohrmaschine

So geht's:
- Puzzleteile ausschneiden.
- Jedem Bild im Spielplan die richtige Beschreibung zuordnen.
- Das passende Puzzleteil im Spielplan auflegen.
- **Selbstkontrolle:** Bild.
- **Tipp:** Zum Schluss Puzzleteile aufkleben und ausmalen.

34 Pflanzen

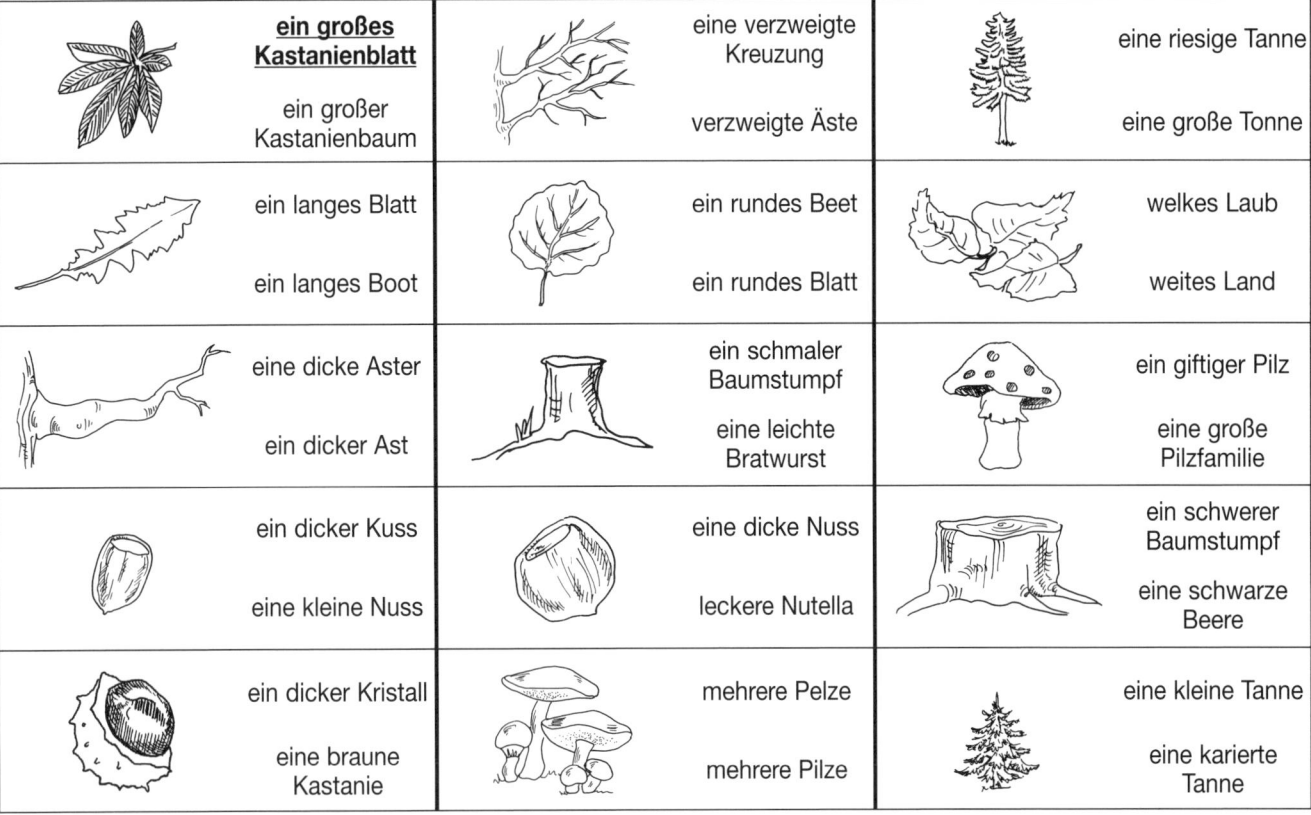

Mehrere Wörter (Adjektive und Nomen)

Die Hexe fliegt

	ein großes Kastanienblatt / ein großer Kastanienbaum		eine verzweigte Kreuzung / verzweigte Äste		eine riesige Tanne / eine große Tonne
	ein langes Blatt / ein langes Boot		ein rundes Beet / ein rundes Blatt		welkes Laub / weites Land
	eine dicke Aster / ein dicker Ast		ein schmaler Baumstumpf / eine leichte Bratwurst		ein giftiger Pilz / eine große Pilzfamilie
	ein dicker Kuss / eine kleine Nuss		eine dicke Nuss / leckere Nutella		ein schwerer Baumstumpf / eine schwarze Beere
	ein dicker Kristall / eine braune Kastanie		mehrere Pelze / mehrere Pilze		eine kleine Tanne / eine karierte Tanne

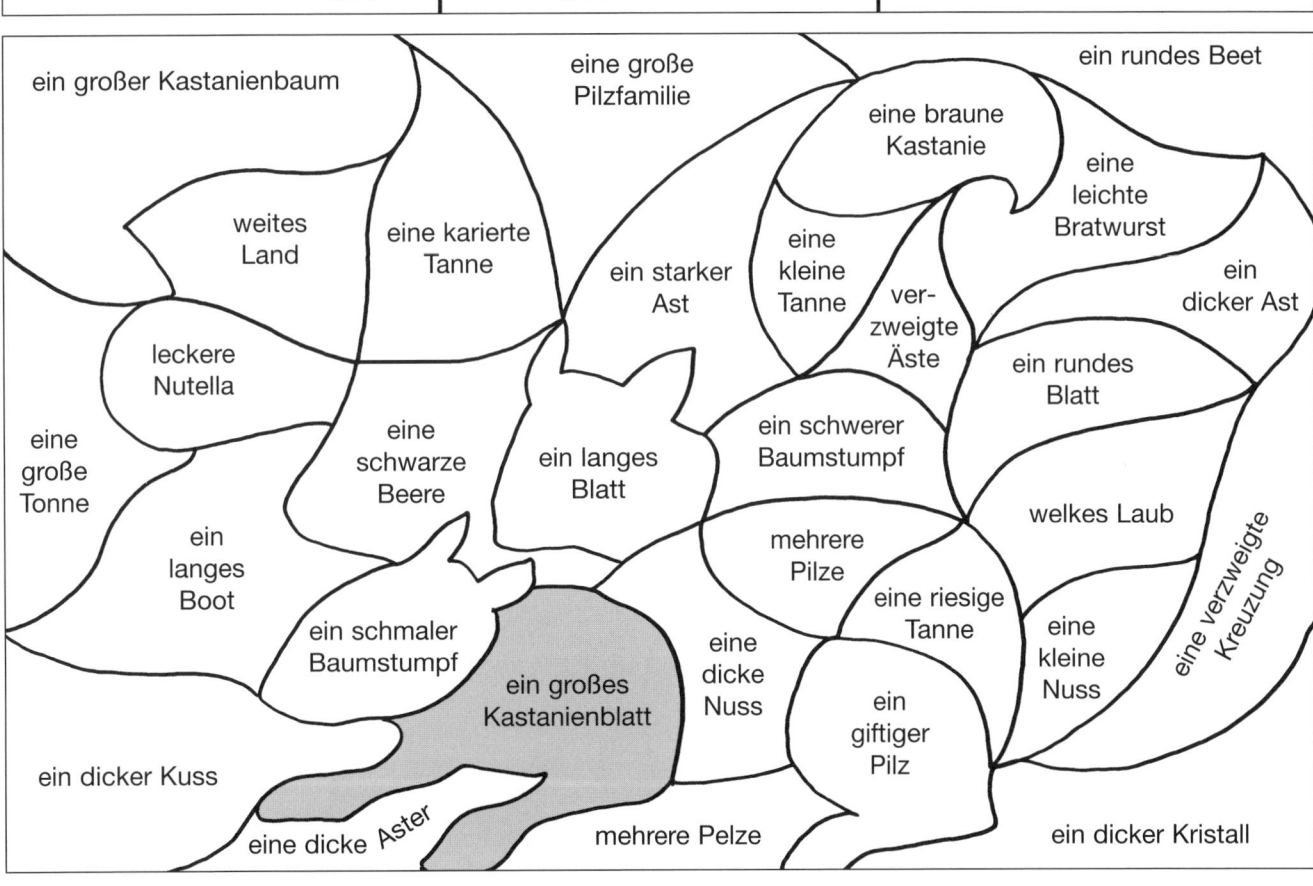

Ausmalbild mit Begriffen:

ein großer Kastanienbaum, eine große Pilzfamilie, ein rundes Beet, weites Land, eine karierte Tanne, eine braune Kastanie, eine leichte Bratwurst, leckere Nutella, ein starker Ast, eine kleine Tanne, verzweigte Äste, ein dicker Ast, eine große Tonne, eine schwarze Beere, ein langes Blatt, ein schwerer Baumstumpf, ein rundes Blatt, welkes Laub, ein langes Boot, ein schmaler Baumstumpf, **ein großes Kastanienblatt**, mehrere Pilze, eine riesige Tanne, eine verzweigte Kreuzung, ein dicker Kuss, eine dicke Aster, eine dicke Nuss, ein giftiger Pilz, eine kleine Nuss, mehrere Pelze, ein dicker Kristall

AUSMALEN

34 | Pflanzen – Lösungen

Mehrere Wörter (Adjektive und Nomen)

	ein großes Kastanienblatt / ein großer Kastanienbaum		eine verzweigte Kreuzung / **verzweigte Äste**		**eine riesige Tanne** / eine große Tonne
	ein langes Blatt / ein langes Boot		ein rundes Beet / **ein rundes Blatt**		**welkes Laub** / weites Land
	eine dicke Aster / **ein dicker Ast**		**ein schmaler Baumstumpf** / eine leichte Bratwurst		**ein giftiger Pilz** / eine große Pilzfamilie
	ein dicker Kuss / **eine kleine Nuss**		**eine dicke Nuss** / leckere Nutella		**ein schwerer Baumstumpf** / eine schwarze Beere
	ein dicker Kristall / **eine braune Kastanie**		mehrere Pelze / **mehrere Pilze**		**eine kleine Tanne** / eine karierte Tanne

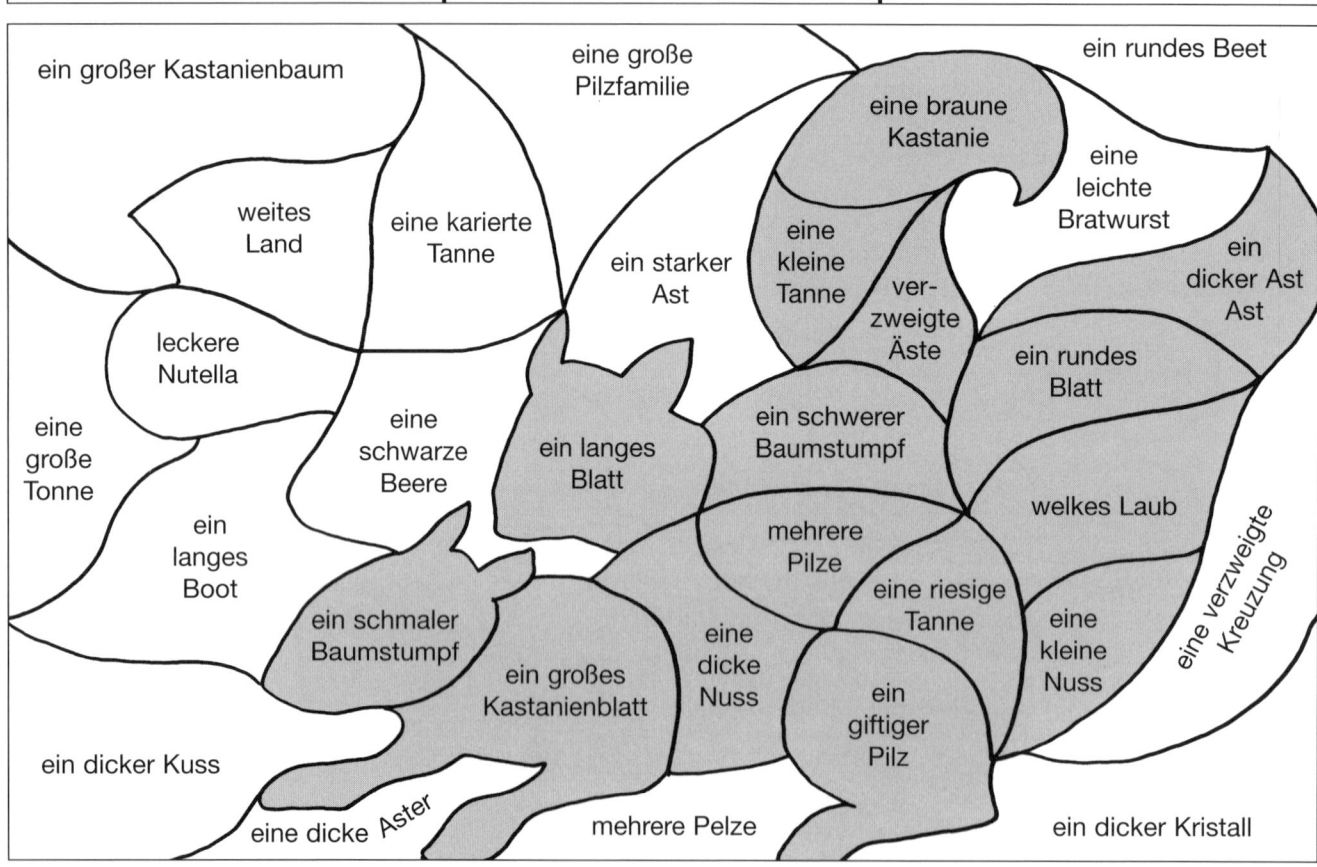

So geht's:
- Bei jedem Bild in der Tabelle entscheiden, welche Beschreibung richtig ist.
- Die richtige Beschreibung unterstreichen.
- Die richtige Beschreibung im Bild unten suchen und das zugehörige Feld ausmalen (mit einer Farbe oder Bleistift).
- Einige Felder im Bild bleiben übrig.
- **Selbstkontrolle:** Bild.

35 | Schwimmbad

Mehrere Wörter (Adjektive und Nomen)

	hurtiger Sprungturm	CH		klares Wasser	T
	hoher Sprungturm	**K**		klares Wort	D
	**langes Schwimmbecken**	**B**		kranke Dusche	ST
	lange Schwimmflosse	C		kalte Dusche	Y
	bunter Sonnenschirm	G		warme Sonne	S
	blasse Sonne	D		warme Socken	A
	bequemes Sofa	A		kühne Limonade	X
	bequeme Liege	H		kühle Limonade	R
	weinende Decke	L		leckeres Ei	W
	weiche Decke	I		leckeres Eis	Z
	grüner Rasen	E		schneller Schwimmer	V
	großer Raser	F		schneller Schimmel	U
	schmale Liege	M		netter Bademeister	P
	große Liegewiese	J		neun Bademeister	N
	volle Rutsche	O	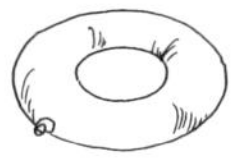	runder Wasserball	C
	volle Rute	L		runder Schwimmring	ST

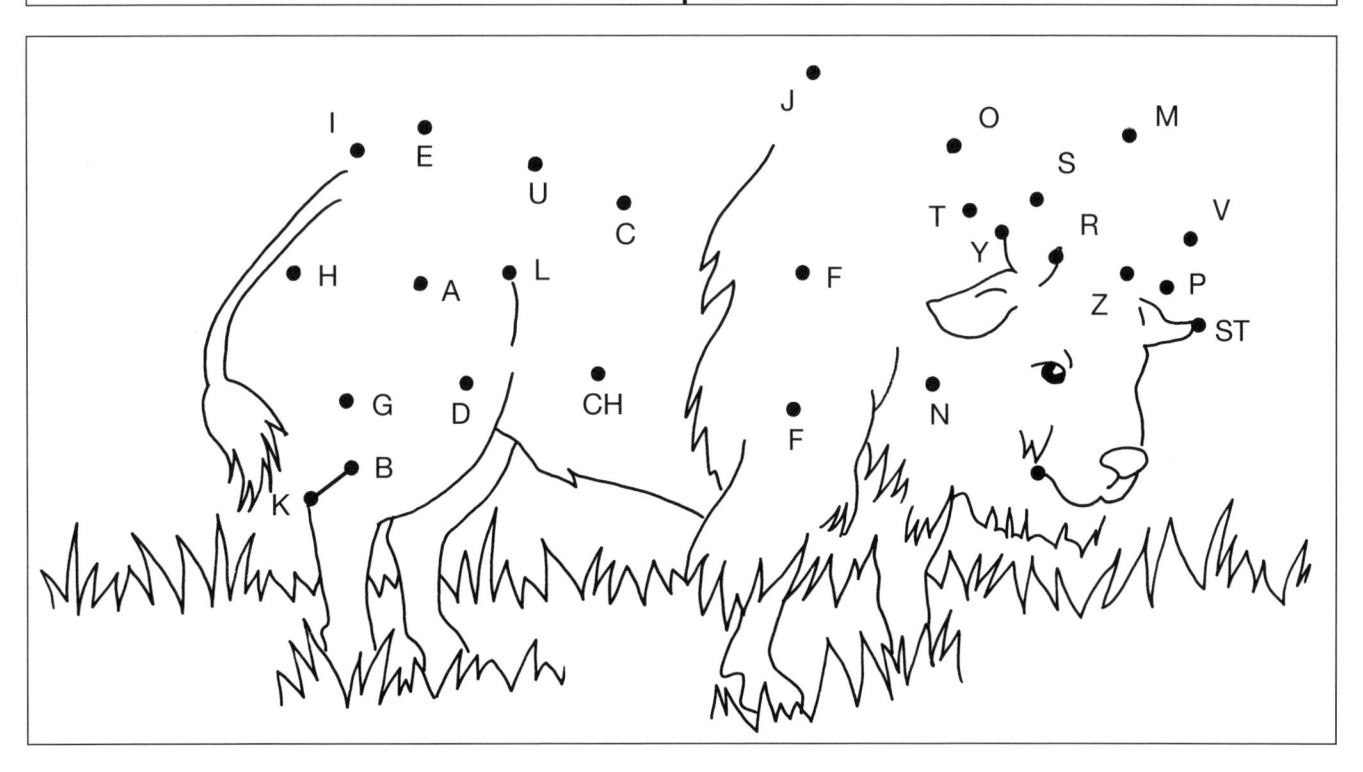

BILD AUS PUNKTEN

35 Schwimmbad – Lösungen

Mehrere Wörter (Adjektive und Nomen)

Bild	Beschreibung	Buchst.		Bild	Beschreibung	Buchst.
	hurtiger Sprungturm	CH			klares Wasser	T
	hoher Sprungturm	**K**			klares Wort	D
	langes Schwimmbecken	**B**			kranke Dusche	ST
	lange Schwimmflosse	C			**kalte Dusche**	**Y**
	bunter Sonnenschirm	**G**			**warme Sonne**	**S**
	blasse Sonne	D			warme Socken	A
	bequemes Sofa	A			kühne Limonade	X
	bequeme Liege	**H**			**kühle Limonade**	**R**
	weinende Decke	L			leckeres Ei	W
	weiche Decke	**I**			**leckeres Eis**	**Z**
	grüner Rasen	**E**			**schneller Schwimmer**	**V**
	großer Raser	F			schneller Schimmel	U
	schmale Liege	M			**netter Bademeister**	**P**
	große Liegewiese	**J**			neun Bademeister	N
	volle Rutsche	**O**			runder Wasserball	C
	volle Rute	L			**runder Schwimmring**	**ST**

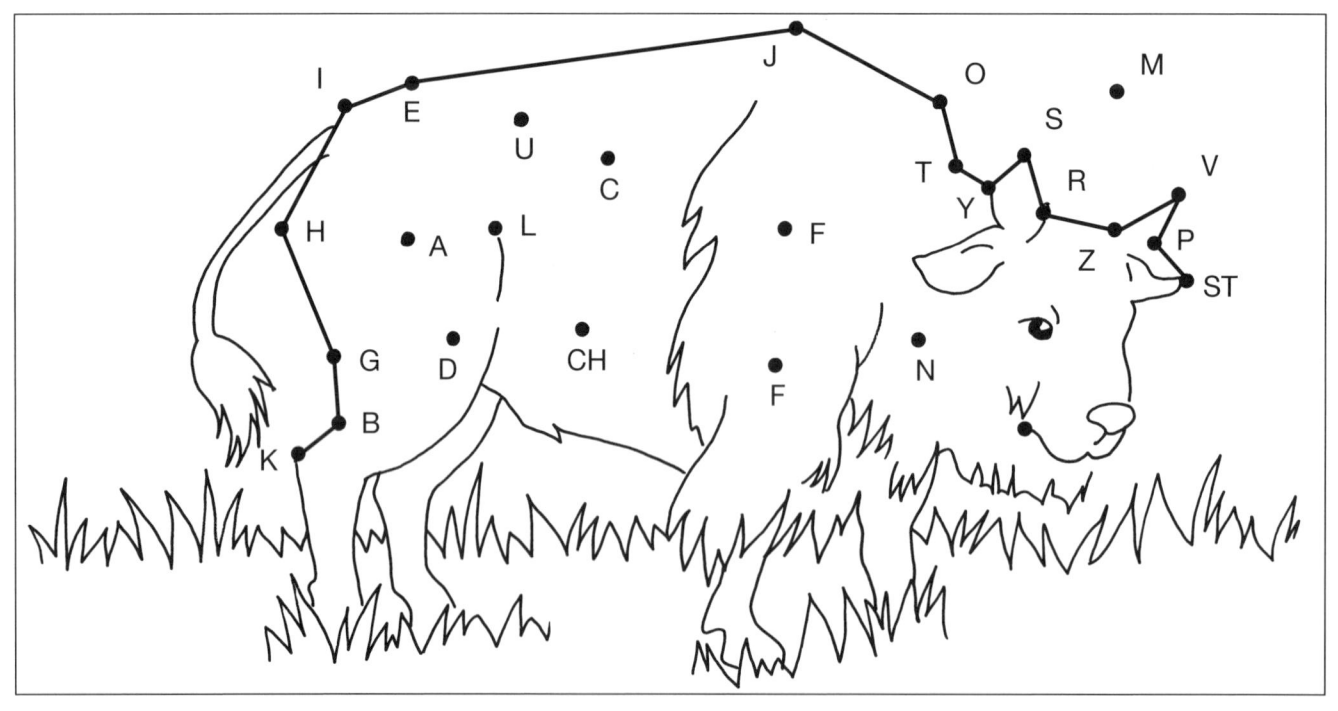

So geht's:
- Bei jedem Bild in der Tabelle die am besten passende Beschreibung aussuchen.
- Die richtige Beschreibung und den Buchstaben dahinter unterstreichen.
- Die Punkte bei den unterstrichenen Buchstaben im Bild unten der Reihe nach miteinander verbinden (Lineal).
- Einige Bildpunkte bleiben übrig.
- **Selbstkontrolle:** Bild.
- **Tipp:** Zum Schluss das Bild ausmalen.

36 Zirkus

Mehrere Wörter (Adjektive und Nomen)

	feiger Direktor **feiner Direktor**		dummer August sonniger August		schwerer Tänzer schöne Tänzerin
	laute Kapelle langer Kamm		volle Zauberer viele Zuschauer		kluger Seelöwe knusprige Semmel
	lahmer Computer lustiger Clown		schöner Zaun schlauer Zauberer		fliegende Amsel flinker Affe
	grünes Laub gefährlicher Löwe		schwerer Pfahl schwarzes Pferd		schattige Halle schnelle Hunde
	großes Zelt gelber Zug		dicker Elefant dummer Esel		giftige Schlange gierige Schafe

Ausmalbild mit folgenden Begriffen:

sonniger August, dummer Esel, fliegende Amsel, lahmer Computer, viele Zuschauer, volle Zauberer, schöner Zaun, **feiner Direktor**, gelber Zug, feiger Direktor, lustiger Clown, großes Zelt, kluger Seelöwe, schöne Tänzerin, schnelle Hunde, schwerer Pfahl, giftige Schlange, gefährlicher Löwe, laute Kapelle, gierige Schafe, dicker Elefant, schlauer Zauberer, schwarzes Pferd, grünes Laub, langer Kamm, dummer August, knusprige Semmel, schwerer Tänzer, flinker Affe

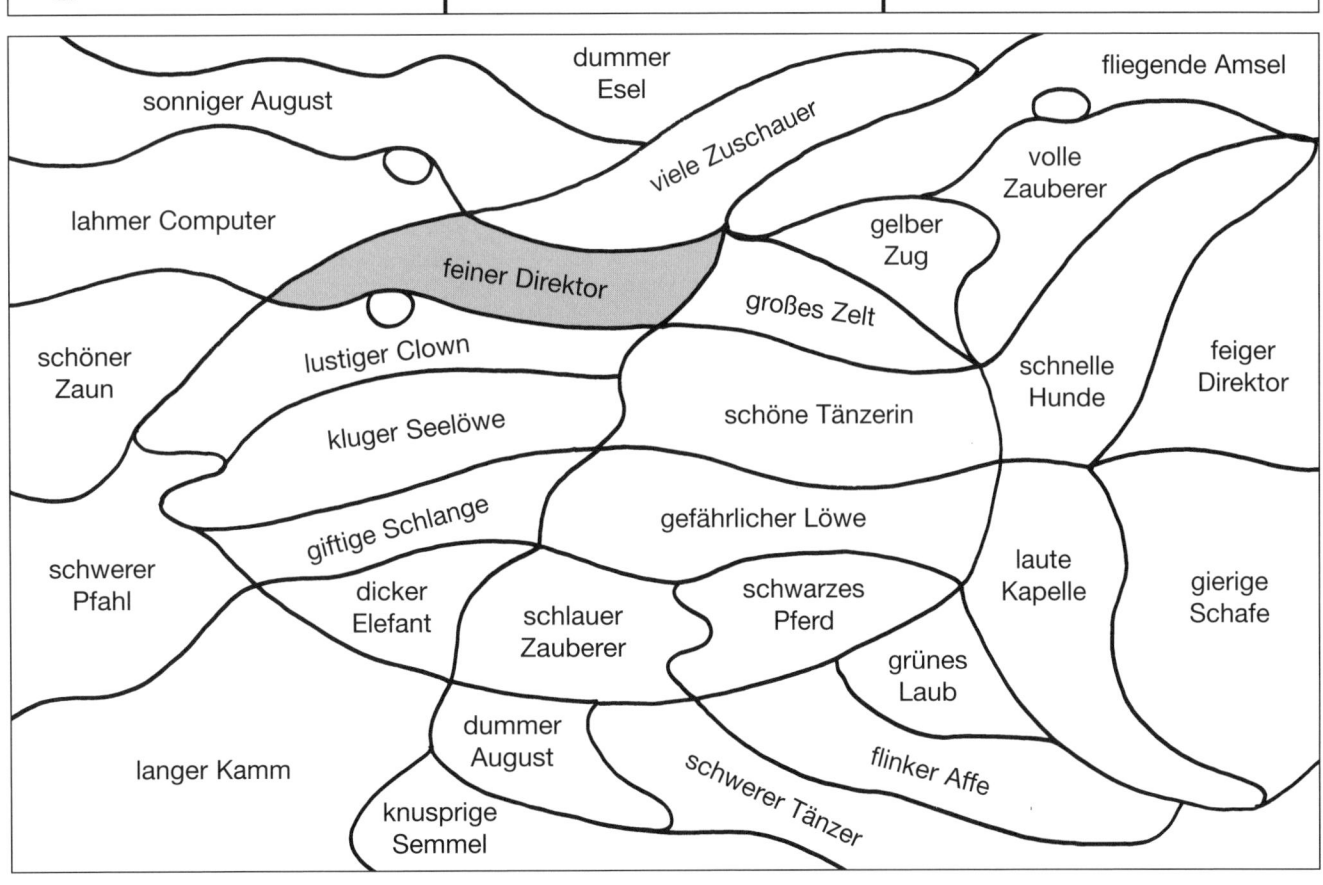

36 Zirkus – Lösungen

Mehrere Wörter (Adjektive und Nomen)

Die Hexe fliegt

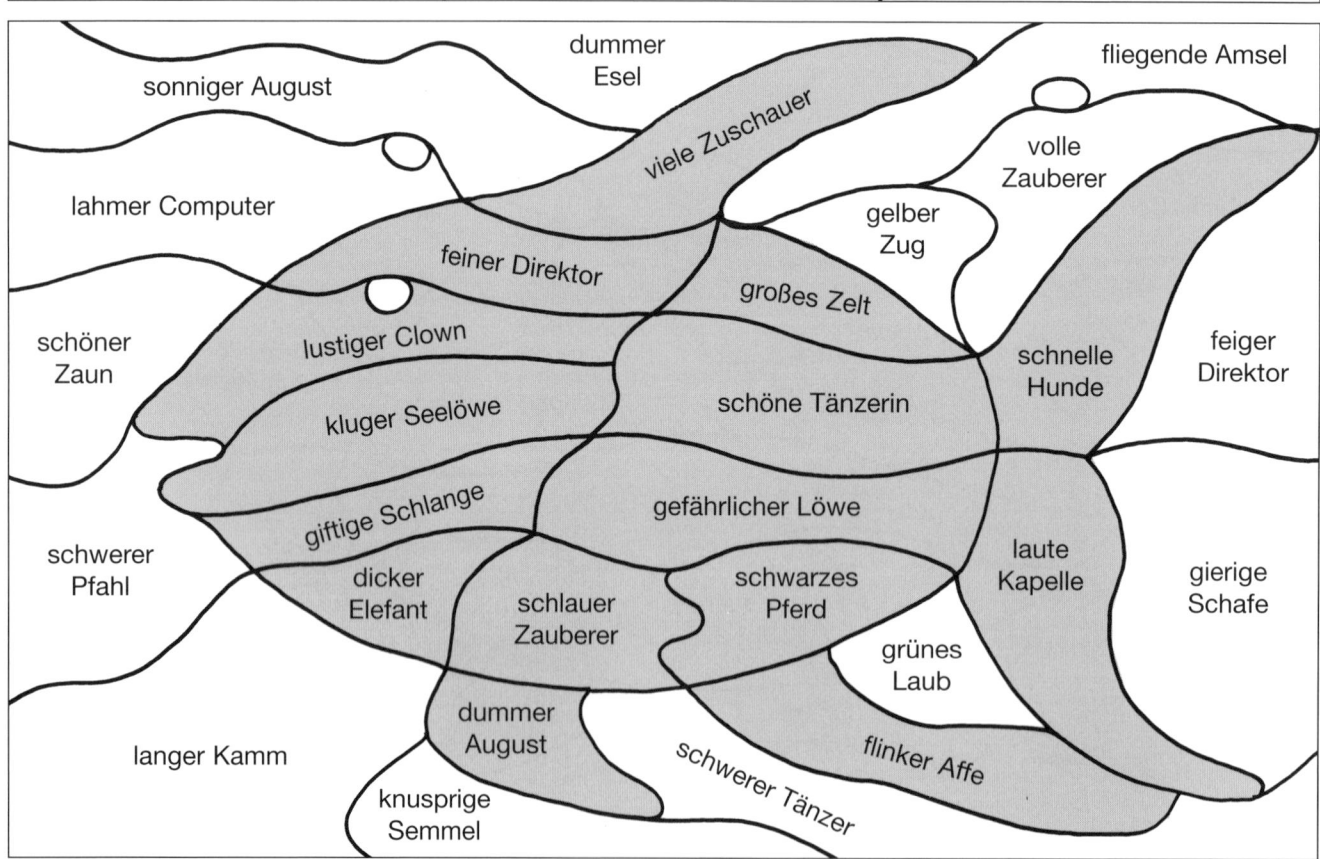

	feiger Direktor **feiner Direktor**		**dummer August** sonniger August		schwerer Tänzer **schöne Tänzerin**
	laute Kapelle langer Kamm		volle Zauberer **viele Zuschauer**		**kluger Seelöwe** knusprige Semmel
	lahmer Computer **lustiger Clown**		schöner Zaun **schlauer Zauberer**		fliegende Amsel **flinker Affe**
	grünes Laub **gefährlicher Löwe**		schwerer Pfahl **schwarzes Pferd**		schattige Halle **schnelle Hunde**
	großes Zelt gelber Zug		**dicker Elefant** dummer Esel		**giftige Schlange** gierige Schafe

So geht's:
- Bei jedem Bild in der Tabelle entscheiden, welche Beschreibung am besten passt.
- Die richtige Beschreibung unterstreichen.
- Die richtige Beschreibung im Bild unten suchen und das zugehörige Feld ausmalen (mit einer Farbe oder Bleistift).
- Einige Felder im Bild bleiben übrig.
- **Selbstkontrolle:** Bild.

	der Drache fliegt	U			ein Zauber fliegt	Z
	der Drache speit	**I**			der Zauberer denkt nach	S
	ein Zwerg schläft	F			der Teufel schwitzt	M
	ein Zwerg läuft	**R**			der Teufel friert	Y
	die Hexe zaubert	D			ein Indianer tanzt	E
	die Hexe fliegt	N			der Indianer reitet	J
	ein Räuber flieht	L			ein Geist schwebt	H
	der Räuber schießt	Z			die Hexe schwebt	Q
	ein Pirat kämpft	B			die Königin sitzt	K
	der Pirat segelt	X			der König regiert	D
	der Ritter rodelt	P			eine Fee zaubert	A
	ein Ritter reitet	W			die Fee trinkt	O
	der Riese schläft	G			der Engel ist traurig	C
	ein Riese schwimmt	V			ein Engel freut sich	I

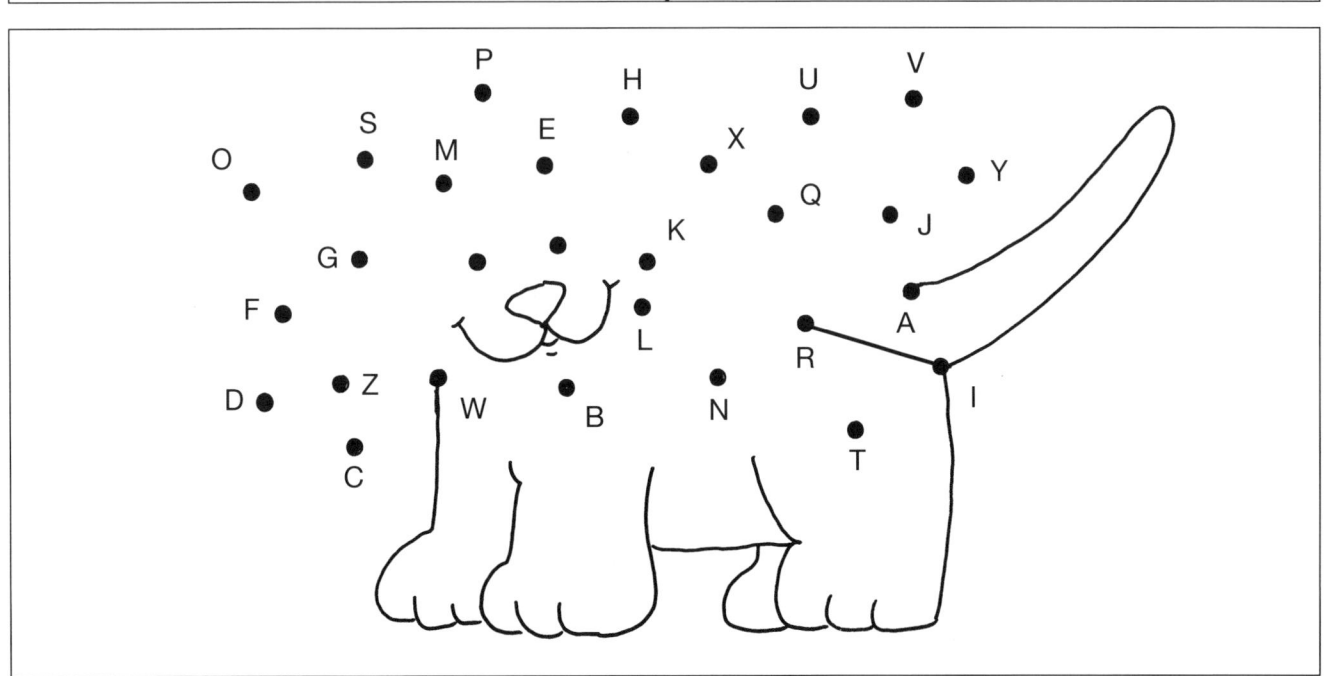

37 Kinderbücher

Mehrere Wörter (Nomen und Verben)

Die Hexe fliegt

BILD AUS PUNKTEN

37 Kinderbücher – Lösungen

Mehrere Wörter (Nomen und Verben)

	der Drache fliegt	U
	der Drache speit	**I**
	ein Zwerg schläft	F
	ein Zwerg läuft	**R**
	die Hexe zaubert	D
	die Hexe fliegt	**N**
	ein Räuber flieht	**L**
	der Räuber schießt	Z
	ein Pirat kämpft	**B**
	der Pirat segelt	X
	der Ritter rodelt	P
	ein Ritter reitet	**W**
	der Riese schläft	**G**
	ein Riese schwimmt	V

	ein Zauber fliegt	Z
	der Zauberer denkt nach	**S**
	der Teufel schwitzt	**M**
	der Teufel friert	Y
	ein Indianer tanzt	**E**
	der Indianer reitet	J
	ein Geist schwebt	**H**
	die Hexe schwebt	Q
	die Königin sitzt	**K**
	der König regiert	D
	eine Fee zaubert	**A**
	die Fee trinkt	O
	der Engel ist traurig	C
	ein Engel freut sich	**I**

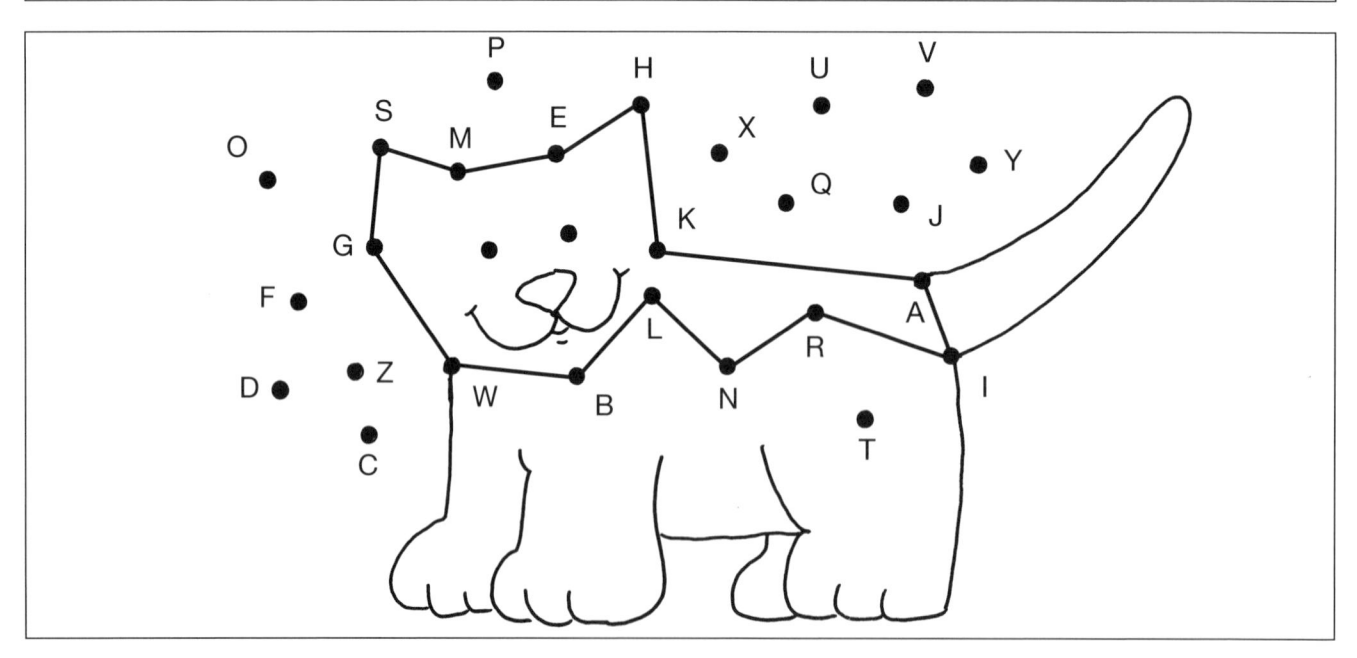

So geht's:
- Zu jedem Bild in der Tabelle die richtige Beschreibung aussuchen.
- Die Beschreibung und den Buchstaben dahinter unterstreichen.
- Die Punkte bei den unterstrichenen Buchstaben im Bild unten der Reihe nach miteinander verbinden (Lineal).
- Einige Bildpunkte bleiben übrig.
- **Selbstkontrolle:** Bild.
- **Tipp:** Zum Schluss das Bild ausmalen.

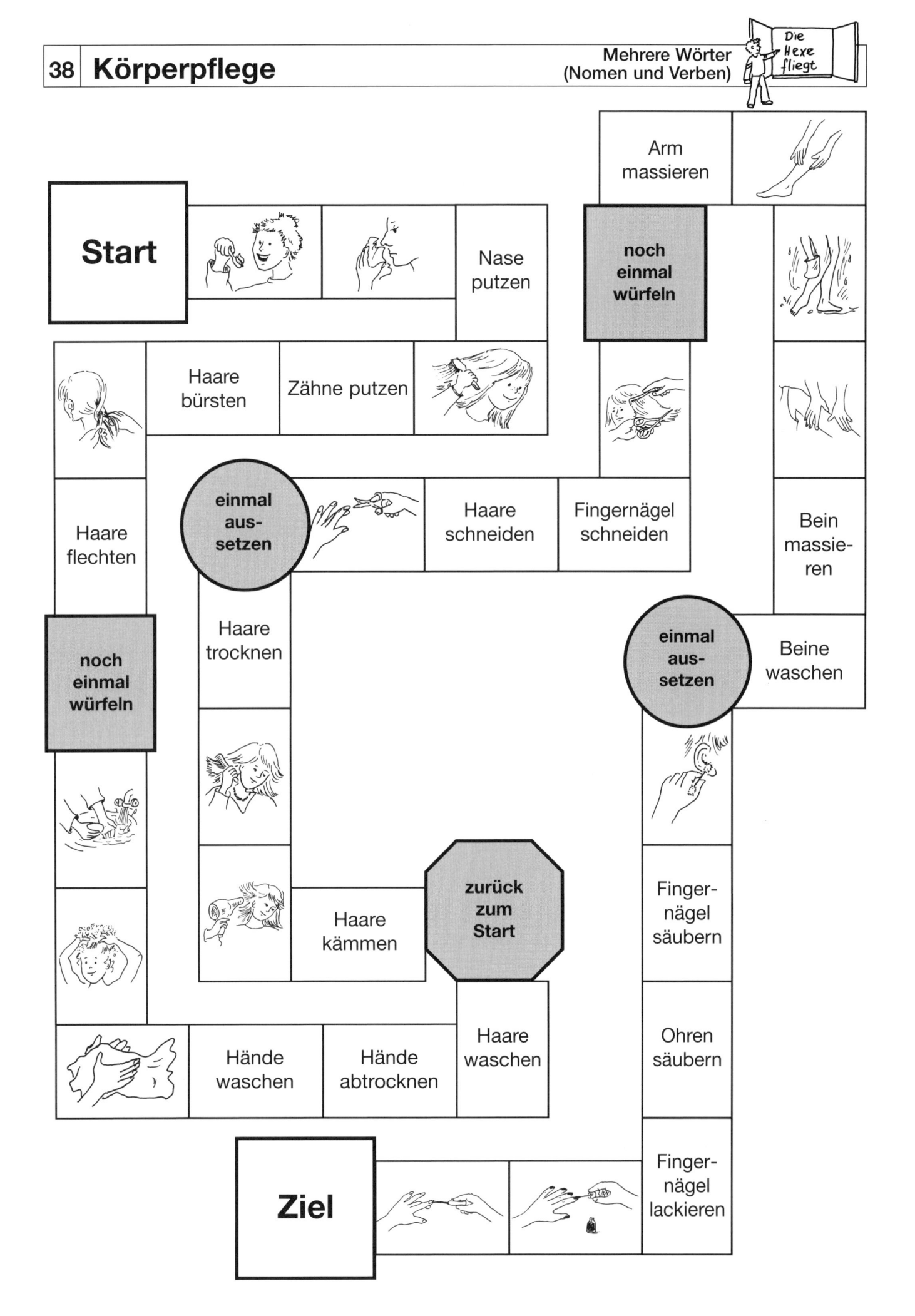

38 Körperpflege

Mehrere Wörter (Nomen und Verben)

- Start
- Nase putzen
- Arm massieren
- noch einmal würfeln
- Haare bürsten
- Zähne putzen
- Haare flechten
- einmal aussetzen
- Haare schneiden
- Fingernägel schneiden
- Bein massieren
- Haare trocknen
- einmal aussetzen
- Beine waschen
- noch einmal würfeln
- Haare kämmen
- zurück zum Start
- Fingernägel säubern
- Ohren säubern
- Hände waschen
- Hände abtrocknen
- Haare waschen
- Fingernägel lackieren
- Ziel

WÜRFELSPIEL

38 | Körperpflege – Lösungen

Mehrere Wörter (Nomen und Verben)

Zähne putzen

Nase putzen

Haare bürsten

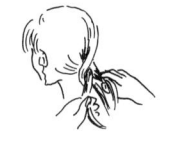

Haare flechten

Hände waschen

Haare waschen

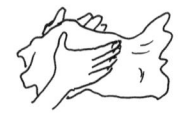

Hände abtrocknen

Haare kämmen

Haare trocknen

Haare schneiden

Fingernägel schneiden

Arm massieren

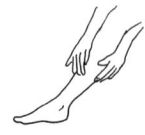

Bein massieren

Bein waschen

Ohren säubern

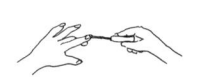

Fingernägel säubern

Fingernägel lackieren

So geht's:
- Je Spieler eine Spielfigur auf das Startfeld setzen.
- Reihum mit einem Würfel würfeln.
- Spielfigur entsprechend der Augenzahl vorwärts setzen.
- Passendes Bild zur Tätigkeit bzw. passende Tätigkeit zum Bild suchen und entsprechend vor- oder zurücksetzen (immer nur bis zum nächsten Zusatzfeld).
- Zusatzfelder (grau unterlegt) regeln besondere Aufträge.
- Gewinner ist, wer zuerst das Ziel erreicht oder überschreitet.
- **Tipp:** Vereinbaren, ob Rauswerfen erlaubt sein soll.

39 Kinderzimmer

Mehrere Wörter (Präpositionen und Nomen)

Die Hexe fliegt

Bild	Antwort	Buchstabe	Bild	Antwort	Buchstabe
Teddy	unter dem Stuhl	A	Maske	unter dem Bild	U
	unter dem Tisch	**S**		über dem Bild	I
Ball	neben dem Radio	CH	Schultasche	hinter dem Regal	T
	auf dem Radio	P		vor dem Regal	G
Stuhl	hinter dem Tisch	I	Puppe	aus der Schultasche heraus	K
	neben dem Tisch	E		unter der Schultasche	S
Regal	in Tisch und Wand	B	Bücher	auf dem Regal	T
	zwischen Tisch und Wand	E		im Regal	I
Lampe	neben dem Tisch	M	Radio	im Regal	U
	über dem Tisch	L		auf dem Regal	S
Mädchen	auf dem Stuhl	Z	Vase	neben dem Radio	T
	unter dem Stuhl	W		über dem Radio	N
Bild	in der Wand	A	Fenster	in der Wand	E
	an der Wand	E		an der Wand	G

Lösungswort: S _ _ _ _ _ _ _ _ _ _ _ _ _

GEHEIMSCHRIFT

39 Kinderzimmer – Lösungen

Mehrere Wörter (Präpositionen und Nomen)

🧸	unter dem Stuhl	A	🎭	<u>unter dem Bild</u>	<u>U</u>
	<u>unter dem Tisch</u>	<u>S</u>		über dem Bild	I
⚽	neben dem Radio	CH	🎒	hinter dem Regal	T
	<u>auf dem Radio</u>	<u>P</u>		<u>vor dem Regal</u>	<u>G</u>
🪑	<u>hinter dem Tisch</u>	<u>I</u>	👧	<u>aus der Schultasche heraus</u>	<u>K</u>
	neben dem Tisch	E		unter der Schultasche	S
📚	in Tisch und Wand	B	📖	auf dem Regal	T
	<u>zwischen Tisch und Wand</u>	<u>E</u>		<u>im Regal</u>	<u>I</u>
💡	neben dem Tisch	M	📻	im Regal	U
	<u>über dem Tisch</u>	<u>L</u>		<u>auf dem Regal</u>	<u>S</u>
👧	<u>auf dem Stuhl</u>	<u>Z</u>	🏺	<u>neben dem Radio</u>	<u>T</u>
	unter dem Stuhl	W		über dem Radio	N
🖼️	in der Wand	A	🪟	<u>in der Wand</u>	<u>E</u>
	<u>an der Wand</u>	<u>E</u>		an der Wand	G

Lösungswort: | S | P | I | E | L | Z | E | U | G | K | I | S | T | E |

So geht's:
- Zu jedem Gegenstand (kleine Bilder) in der Tabelle den passenden Ort im Kinderzimmer (großes Bild) suchen.
- Die richtige Beschreibung und den Buchstaben dahinter unterstreichen.
- Alle unterstrichenen Buchstaben der Reihe nach bei Lösungswort eintragen.
- **Selbstkontrolle:** Lösungswort.

40 Kleinigkeiten

Mehrere Wörter (Numerale und Nomen)

(4 Münzen)	zwei Münzen
(Nägel)	drei Knöpfe
(viele Nägel)	acht Ringe
(1 Münze)	fünf Ringe
(3 Nägel)	neun Stifte
	eine Münze
(1 Nagel)	zehn Ringe
(6 Perlen)	zwei Knöpfe
(Stifte)	drei Stifte
(2 Knöpfe)	ein Nagel
(zehn Nägel)	zehn Nägel
(Stifte)	sieben Perlen
(7 Münzen)	
(neun Knöpfe)	neun Knöpfe
(Schrauben)	sechs Perlen
(vier Nägel)	vier Nägel
(2 Münzen)	sieben Stifte
(Perlen)	
(vier Münzen)	vier Münzen
(3 Knöpfe)	fünf Perlen
(2 Stifte)	
(sechs Nägel)	sechs Nägel
(Knöpfe)	acht Münzen

40 Kleinigkeiten – Lösungen

Mehrere Wörter (Numerale und Nomen)

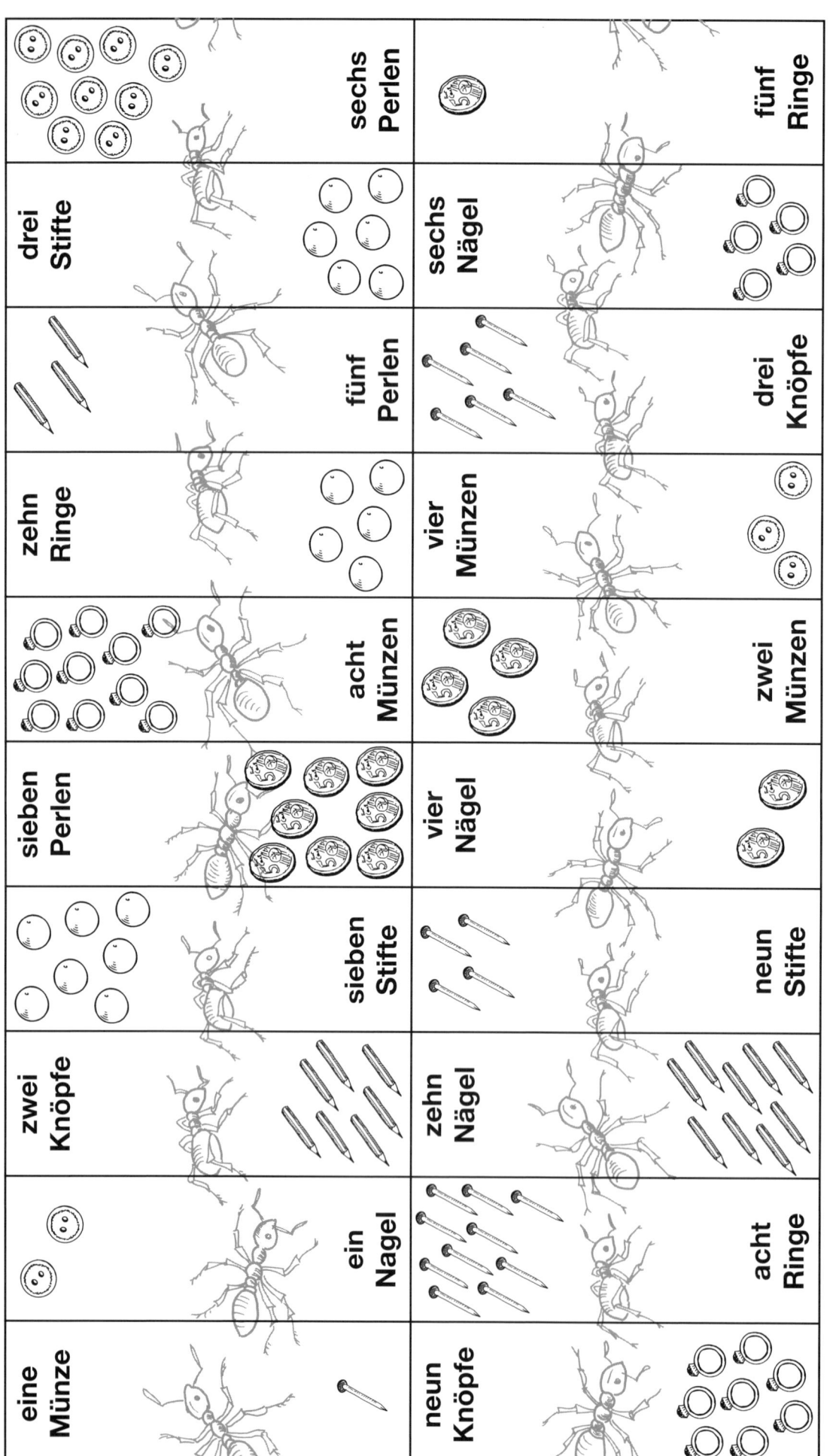

	sechs Perlen		fünf Ringe
drei Stifte		sechs Nägel	
	fünf Perlen		drei Knöpfe
zehn Ringe		vier Münzen	
	acht Münzen		zwei Münzen
sieben Perlen		vier Nägel	
	sieben Stifte		neun Stifte
zwei Knöpfe		zehn Nägel	
	ein Nagel		acht Ringe
eine Münze		neun Knöpfe	

- **Selbstkontrolle:** Lösungsbilder in der Mitte.
- **Tipp:** Zum Schluss Dominokärtchen aufkleben und ausmalen

So geht's:
- Dominokärtchen ausschneiden.
- Beliebiges Kärtchen auswählen und überlegen, welche Beschreibung zum Bild gehört.
- Das Dominokärtchen mit der passenden Beschreibung rechts anlegen und für das neue Bild wieder die richtige Beschreibung überlegen usw.

BRIGG Pädagogik VERLAG
Der neue Pädagogik-Fachverlag für Lehrer/-innen
Abwechslungsreiche Kopiervorlagen für Deutsch!

Jörg Krampe / Rolf Mittelmann
Lesestart 2
Spielend vom Wort zum Satzverständnis
88 S., DIN A4,
40 Kopiervorlagen mit Lösungen
Best.-Nr. 257

Spielerisch, handlungsorientiert, nachhaltig wirksam: Band 2 der Reihe enthält 40 Lesespiele zum Erlesen und Verstehen sinnvoller Wörter und Sätze. Die Spiele sind so angelegt, dass von Anfang an eine Selbstkontrolle möglich ist. Dadurch eignen sie sich unabhängig von jedem Leselehrgang nicht nur für den normalen Unterricht, etwa für innere Differenzierung in Übungsphasen, sondern besonders auch für den Förderunterricht, die Wochenplanarbeit, zum selbstständigen Lesetraining und in Vertretungsstunden. Sehr gut einsetzbar auch für die Förderung entwicklungsbenachteiligter Kinder.

Magret Pinter
Die deutsche Grammatik
Grundbausteine für differenzierten Deutschunterricht

Band 1
208 S., DIN A4,
Kopiervorlagen mit Lösungen
Best.-Nr. 267

Tunwort / Verb, Namenwort / Nomen, Wiewort / Adjektiv, Einzahl und Mehrzahl, Fürwort / Pronomen

Band 2
232 S., DIN A4,
Kopiervorlagen mit Lösungen
Best.-Nr. 268

Die Zeiten, Nominativ und Genitiv, Dativ, Akkusativ, Satzarten

Dieses Werk umfasst das grammatikalische Basiswissen der Grundschule. Sprachstrukturen werden durch die klare, leicht verständliche Darstellung Schritt für Schritt aufgebaut und mittels vielfältiger Übungen gefestigt. Dank hoher Differenzierung besonders für Kinder mit nichtdeutscher Muttersprache und mit sonderpädagogischem Förderbedarf sehr gut geeignet. Die Arbeitsblätter ermöglichen auch offene Lernformen und Freiarbeit.

Franz Xaver Riedl / Alfons Schweiggert
Bilder lesen, Texte schreiben
Bildergeschichten zum kreativen Schreiben
3./4. Klasse
88 S., DIN A4,
mit Kopiervorlagen
Best.-Nr. 265

Vom genauen Betrachten zur kreativen Schreibleistung! Das Lesen von Bildern und Fotos regt die Kinder zur Selbsttätigkeit an und schult die Fähigkeit des sicheren Beurteilens. Die Arbeitsblätter wecken die Erzähllust und lassen in Einzel-, Gruppenarbeit oder im Klassenverband individuelle Schreibideen entstehen. Die Themen sind je nach individuellem Leistungsstand unabhängig einsetzbar.

Bestellcoupon

Ja, bitte senden Sie mir / uns mit Rechnung

_____ Expl. Best-Nr. _____
_____ Expl. Best-Nr. _____
_____ Expl. Best-Nr. _____
_____ Expl. Best-Nr. _____

Meine Anschrift lautet:

_____
Name / Vorname

_____
Straße

_____
PLZ / Ort

_____
E-Mail

_____
Datum/Unterschrift   Telefon (für Rückfragen)

Bitte kopieren und einsenden/faxen an:

Brigg Pädagogik Verlag GmbH
zu Hd. Herrn Franz-Josef Büchler
Zusamstr. 5
86165 Augsburg

☐ Ja, bitte schicken Sie mir Ihren Gesamtkatalog zu.

Bequem bestellen per Telefon / Fax:
Tel.: 0821 / 45 54 94-17
Fax: 0821 / 45 54 94-19
Online: www.brigg-paedagogik.de

BRIGG Pädagogik VERLAG

Der neue Pädagogik-Fachverlag für Lehrer/-innen
Pfiffige Unterrichtsideen für Deutsch und Englisch!

Harald Watzke / Peter Seuffert / Oswald Watzke

Sagen in der Grundschule
Anregungen für die Praxis in der 3. und 4. Klasse
104 S., DIN A4,
mit Kopiervorlagen
Best.-Nr. 278

In 28 illustrierten Sagentexten begegnen die Kinder berühmten Sagengestalten wie z. B. dem Klabautermann, Rübezahl oder den Heinzelmännchen und entdecken magische Sagenorte. Mit Neuansätzen eines handlungs- und produktionsorientierten Textumgangs, Anregungen zum Vorlesen, zum Selberschreiben und zum Inszenieren von Sagen. Ohne großen Aufwand direkt im Unterricht einsetzbar!

Nina Hellwig

Mit Montessori Legasthenie behandeln
Montessori-Pädagogik für die Arbeit mit legasthenen Kindern
72 S., DIN A4,
mit Kopiervorlagen
Best.-Nr. 266

In diesem Praxisbuch erfahren Sie von einer erfahrenen Legasthenietrainerin, wie Montessori-Materialien LRS-Kinder dabei unterstützen, das Lesen und Schreiben als positiv zu erfahren. Viele praktische Übungen zum Lernen mit allen Sinnen machen die Schüler/-innen sicherer im Schreiben und vermitteln ihnen hilfreiche Strategien zur Fehlervermeidung. Mit einem wichtigen Kapitel zu den Aufgaben eines Legasthenietrainers.

Astrid Pfeffer

My English ABC in rhymes
für die 3. / 4. Klasse
36 S., DIN A4,
mit Kopiervorlagen
Best.-Nr. 270

Mit diesem Buch lernen die Kinder spielerisch das englische ABC. Jedem Buchstaben ist ein typisches englisches Wort und ein dazu passender vierzeiliger Reim zugeordnet. Die Reime prägen sich den Kindern leicht ein und machen sie mit dem Klang der englischen Sprache vertraut. Im Anschluss an das ABC finden Sie lebendige Anregungen für den Einsatz der Reime im Unterricht. Sie lassen sich zehn Themengebieten zuordnen, die in den verschiedenen Lehrplänen enthalten sind.

Astrid Pfeffer

English Fun Stories and Raps
Read and rap your way into English
Mit Audio-CD
48 S., DIN A4,
mit Kopiervorlagen
Best.-Nr. 271

Zehn Geschichten und 14 Raps, mit denen das Englischlernen richtig Spaß macht! Die Geschichten entsprechen den Lehrplanthemen und sind in der Form eines Minibuches aufgebaut. So erhalten die Kinder nach und nach eine kleine Englisch-Bibliothek. Hervorragend geeignet zum lauten Vorlesen, Abschreiben und Nachspielen. Die rhythmisch gesprochenen Dialoge helfen beim Einprägen typischer englischer Ausdrücke und Sätze. Die Geschichten und Raps werden auf der Audio-CD mitgeliefert.

Bestellcoupon

Ja, bitte senden Sie mir / uns mit Rechnung

_____ Expl. Best-Nr. _____

_____ Expl. Best-Nr. _____

_____ Expl. Best-Nr. _____

_____ Expl. Best-Nr. _____

Meine Anschrift lautet:

Name / Vorname

Straße

PLZ / Ort

E-Mail

Datum/Unterschrift   Telefon (für Rückfragen)

Bitte kopieren und einsenden/faxen an:

Brigg Pädagogik Verlag GmbH
zu Hd. Herrn Franz-Josef Büchler
Zusamstr. 5
86165 Augsburg

☐ Ja, bitte schicken Sie mir Ihren Gesamtkatalog zu.

Bequem bestellen per Telefon / Fax:
Tel.: 0821 / 45 54 94-17
Fax: 0821 / 45 54 94-19
Online: www.brigg-paedagogik.de